SECRETS
OF PERUVIAN
CUISINE

EMILIO PESCHIERA

ORIGO

CONTENIDOS
CONTENTS

Haremos un breve recorrido por la historia y evolución de la cocina peruana, desde sus inicios con los Incas, hasta las últimas influencias extranjeras. Luego revisaremos algunos términos y técnicas básicas para preparar las recetas con la esencia original. Además les entregaré algunos secretos para aproximar los resultados al sabor "auténtico" de la comida peruana. EMILIO PESCHIERA

First we'll take a brief tour through the history and evolution of Peruvian cuisine, from its beginnings with the Incas through the latest international influences. Then we'll review some basic terms and techniques for preparing the recipes with their original essence. I'll also reveal some secrets to help you approach the results of the "authentic" flavor of Peruvian food. EMILIO PESCHIERA

LA COCINA DEL PERÚ

Aquí comenzamos a recorrer algunos pasajes de la historia y la cultura de una tierra llena de tradición, con la intención de ilustrar y explicar el por qué de la riqueza y variedad de la gastronomía del Perú.

Los primeros referentes de la cocina peruana actual se encuentran en la inmensa riqueza legada por el pueblo Inca. La cultura incaica tiene vigencia en América del sur desde el siglo XII, pero su dominio sobre la región solo existió desde 1438 (año del afianzamiento del poderío Inca frente a los "Chanacas") hasta 1532 (cuando el conquistador español Francisco Pizarro captura a Atahualpa). El territorio dominado se extendía por el norte desde el río Ancasmayo en la zona de Pacto, al sur de Colombia, hasta el Valle del Maule en Chile. Los restos arqueológicos que se han encontrado de los Incas demuestran que en el Perú y en toda la zona de influencia del Imperio, la comida siempre fue primordial. Cada vez que se descubren tumbas pre colombinas se encuentran en ellas guisos y potajes dispuestos alrededor de los muertos para acompañarlos en su viaje hacia el otro mundo.

Los Incas daban mucha importancia al buen comer. La comida de la corte imperial era muy abundante e incluso las vasijas de todo el servicio eran de oro, plata y a veces de cobre. Todos en la corte debían tener acceso a la variedad de alimentos que se producían a lo largo de sus territorios, por eso los "chasquis" llevaban desde la costa los pescados y mariscos frescos que se comían en las lejanas serranías cusqueñas. La agricultura fue ampliamente desarrollada. Las técnicas de cultivo, andenerías y extraordinarios métodos de irrigación creados por los aborígenes, se siguen utilizando hasta el día de hoy.

Dentro del territorio Inca se encontraba el Valle de Urubamba, ubicado en la sierra central peruana, en el Departamento de Cusco. Este valle era considerado como la "despensa imperial" y hoy es conocido como el "Valle Sagrado de los Incas". En esta "despensa" se encuentran hasta el día de hoy los productos que definen lo que era la dieta básica incaica:

VERDURAS: papa, maíz, yuca, oca, zapallo, gran variedad de frijoles, maní y camote en todas sus variedades.

CARNES: guanaco, llama, venados, gamos, corzos, patos, perdices, palomas, torcazas y tórtolas.

FRUTAS: pepino, granadilla, palta, tomate y "usun" (un tipo de ciruelas). Al igual que hoy se encontraba el "pacay" (fruto de vaina), los plátanos y las piñas.

CONDIMENTOS: el más utilizado era el ají en todas sus variedades; rocoto, escabeche, limo, etc. Era considerado por los indios como el condimento "principal" y lo utilizaban en todas las preparaciones cocidas, guisadas o asadas.

La bebida por excelencia era la "chicha", obtenida del mosto de maíz fermentado, en la región andina, y de quinua u oca en las elevadas punas. Esta última se conoce hasta el día de hoy como "Chicha de Jora".

En el año 1522 los españoles desembarcan en el norteño Valle del Viru, territorios del cacique "Viru", quien luego de ser vencido se convierte en su aliado. Este nombre será dado a conocer a los conquistadores como una tierra de grandes riquezas y, mal pronunciado, se transformará en "Perú".

La empresa de conquista española trajo a América una nueva y variada visión de mundo: religión, formas de transporte, estructura social, arte, arquitectura, emplazamientos urbanos, etc. Por supuesto la gastronomía no fue una excepción y la escena culinaria local se vio enriquecida por los nuevos productos y modos de preparación que trajeron los españoles.

La influencia española llega a su vez con reminiscencias de otra cultura: los Moros, quienes ocuparon España desde el siglo VIII hasta el XV. Se dice que las mujeres que acompañaban a los conquistadores (y que tenían a su cargo la cocina) eran descendientes de los moros. Ellas introdujeron diversos productos que enriquecieron la comida española y, en consecuencia, la de los territorios conquistados por éstos. Entre los nuevos elementos podemos mencionar los olivos y su aceite; el trigo y sus derivados; frutas como naranjas, peras, higos, limas, manzanas, guindas y duraznos; verduras como lechugas, cebollas, berenjenas, espárragos, espinacas, perejil, culantro (cilantro) y

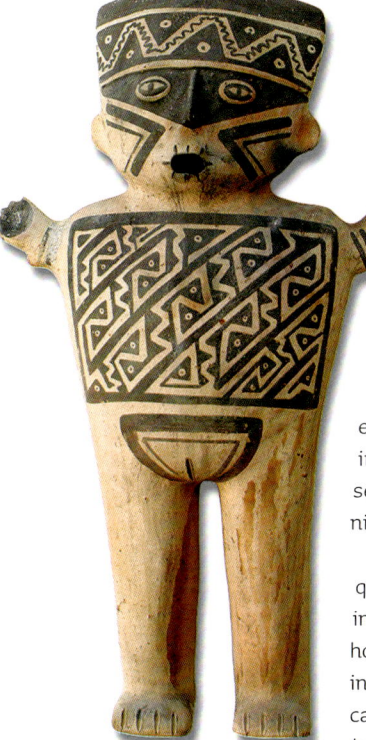

habas; legumbres como garbanzos o lentejas y condimentos como el ajonjolí (sésamo), comino y orégano, todos ellos desconocidos hasta ese entonces en estas tierras.

Sin duda, un aporte importante de la cultura ancestral de los moros fue introducir la producción de la caña de azúcar, lo que originó una cultura dulcera en los limeños y el desarrollo de grandes industrias azucareras. Esto llevó al Perú a ser un importantísimo productor de azúcar a nivel mundial a mediados del siglo XX.

De la mezcla de culturas y de los productos que aportan nace una cocina mestiza muy imaginativa, que es la cocina peruana de hoy. A las recetas de origen español se les incorporaron productos locales como maíz, camote, papa, yuca y plátanos, sin dejar de lado el uso del ají. Como claro ejemplo de estos platos mestizos, podemos considerar el Puchero, el Chupe, la Cazuela, los Chicharrones de cerdo y el Sancochado (con yucas, camotes, coles y arroz).

Otra influencia que no podemos dejar de valorar es la posterior llegada de los africanos en forma masiva durante el siglo XVIII, época en que llegan a trabajar principalmente en las haciendas algodoneras del sur de Perú. Hoy se les atribuye gran influencia en la comida criolla, ya que basaban su dieta en ingredientes populares como frijoles, papas y vísceras, los que cocinaban agregando muchos condimentos para encubrir la pobre calidad de los alimentos a los que tenían acceso. Así es como nacen platos que actualmente se pueden ver en elegantes comidas como los Anticuchos de Corazón (de vacuno), el Tacu-Tacu y el Cau-Cau entre otros.

En 1854 don Ramón Castilla declara la abolición formal de la esclavitud en el Perú, generando la necesidad de encontrar nueva mano de obra. Con este fin fue que el congreso peruano aprobó la llamada "Ley China", que permitió la libre inmigración de asiáticos al Perú.

Los hábitos alimentarios y gastronómicos de estos inmigrantes estaban tan arraigados en ellos, que ni los prejuicios, ni el maltrato que recibieron, los hicieron dejar de lado sus costumbres. El apego a su forma tradicional de vida los llevó incluso a exigir, dentro de las cláusulas de sus contratos, que se les respetaran sus comidas. Esta es sin duda una de las causas principales de la consolidación de costumbres orientales en el Perú, quienes representan, uno de los aportes más valiosos a la cocina peruana de hoy.

La necesidad de comer lo propio y la demanda de comida barata tanto de asiáticos como de peruanos de escasos recursos, permitieron el florecimiento de las fondas chinas, las que alrededor de 1920 adoptaron el nombre de "Chifas". "Vamos AL Chifa" y no "Vamos a LA Chifa" como comúnmente se dice fuera del Perú, son "los" Chifas y no "las" Chifas. La palabra está tan arraigada en el día a día limeño, que es común escuchar: "Vamos al Chifa", "me ha provocado un Chifa", "pídete un Chifa", "a los chicos les encanta el Chifa", "nos comemos un Chifita", etc.

Se piensa que esta palabra puede haberse formado mediante la adaptación de voces chinas que significan comer arroz: "Chifan", en mandarín; "Sekfan", en cantonés; "Sitfan", en hakka. Además, puede haber influido el vocablo "cocinar", que en cantonés se dice "Chiufan" y en hakka, "Choufan".

Para terminar de revisar las influencias extranjeras en la cocina peruana, no podemos dejar de lado las europeas del siglo XIX. Después de la declaración de la independencia, en 1857, había un estimado de 20.000 europeos viviendo en Lima que no eran españoles. Por ejemplo, a los inmigrantes italianos se les reconoce como los primeros en desarrollar la pesca como actividad comercial en las costas peruanas, tanto de pescados como de mariscos.

Hasta aquí hemos revisado los distintos actores que han dado vida a la cocina peruana de hoy, quiénes son, cómo eran y cuándo llegaron. Sin embargo, es importante recalcar que todo esto se desarrolla en un país de una riqueza natural incomparable. Perú posee el 90% de los climas del mundo, repartidos en tres regiones principales: la costa, la sierra y la selva. La costa peruana cuenta con 3.000 km (aproximadamente) bañados por el Océano Pacífico, lo que hace de los peruanos un pueblo altamente consumidor de todos los productos marinos. La sierra está formada por la sección principal de la cordillera de los Andes y es prolífera en ríos y quebradas, que forman un conjunto de valles riquísimos en flora y fauna. Por último, está la región de la selva amazónica, que conforma aproximadamente el 40% del territorio peruano y es rica en frutas y tubérculos.

Pasamos entonces a la actividad culinaria, presentando una selección de recetas de la cocina peruana, muchas de ellas desarrolladas hace siglos por los pueblos atávicos anteriores al actual Perú, y que ahora podrán preparar en casa, para compartir con familia y amigos. Como dijo la querida Chabuca Granda: "Mi fuente es el Perú".

PERUVIAN CUISINE

Let's begin with a general cultural and historical overview of a land filled with tradition to put Peru's culinary wealth and variety into context.

The earliest references to today's Peruvian cuisine are found in the immense wealth amassed by the Incan people. The Incan culture was present in South America as early as the 12th century, but their expansive reign didn't begin until 1438 and then ended abruptly in 1532, when the Spanish conquistador Francisco Pizarro captured the Incan leader Atahualpa. The territory under Incan rule extended from the Ancasmayo River in what is now southern Colombia to the Maule Valley in Chile. Archaeological remains reveal the cultural significance of food during the Incan empire. In pre-Columbian burial sites, for example, food and drinks are always found arranged around the dead to accompany them on their journey to the next world.

The Incas placed great importance on eating well. Food was very abundant in the imperial court and served on tableware made of gold, silver, and sometimes copper. The entire court had access to the variety of foods produced throughout the vast territory, and the "chasquis," or runner-messengers, brought fresh fish and shellfish from the coast to be eaten in the distant highlands of Cuzco.

Agriculture was well-developed, and the techniques used for growing and terracing as well as the extraordinary irrigation methods devised by the ancient Quechua people are still in use today.

The Urubamba Valley in the central highlands in what is now the Department of Cuzco was considered to be the "Sacred Valley of the Incas." Even today this "imperial pantry" holds the foodstuffs that define the basic Incan diet:

VEGETABLES: potatoes, corn, yuca, oca, squash, many different kinds of beans, peanuts, and sweet potatoes.

MEATS: guanaco, llama, venison, ducks, partridges, pigeons, turtledoves, and other birds.

FRUITS: melon pear, passion fruit, avocado, tomato, "usun" (a kind of plum), "pacay" (a pod fruit), bananas, and pineapples.

CONDIMENTS: chili peppers, prepared in many different ways, were the most frequently-used seasoning ingredient in the Incan diet. They used them in all of their cooked, stewed, and roasted preparations.

"CHICHA" was the drink of choice. It was made from fermented corn in the Andean region, while a highland variation called "Chicha de Jora" was made from quinoa or the indigenous grain 'oca.'

In 1522 the Spanish disembarked in the Viru Valley in the north, in the territory of Chief "Viru" who later became an ally of the Spanish after his defeat. The Spanish came to associate the name with a land of great wealth, although it was transformed into "Peru" by virtue of poor pronunciation. The Spanish conquest brought a new and broader world view to the Americas with respect to religion, transportation, social structure, art, architecture, and urban distribution, etc. Of course gastronomy was no exception, and the local culinary practices were enriched by the new products and preparation methods brought by the Spanish.

The Spanish influence also included cultural contributions from the Moors, who had occupied Spain from the 8th through the 15th centuries. The women who accompanied the conquistadors and who were in charge of meal preparation are believed to have been of Moorish ancestry. They introduced various products that enhanced the Spanish cuisine and consequently those of the territories they conquered.

New food items included olives and olive oil, wheat and its derivatives; fruits such as oranges, pears, figs, limes, apples, cherries, and peaches; vegetables such as lettuce, onions, eggplant, asparagus, spinach, parsley, cilantro, and lima beans; legumes such as garbanzos and lentils; and condiments such as sesame, cumin, and oregano, all of which had previously been unknown in the Americas.

One very important Spanish contribution to the Americas was the introduction of sugar cane, which not only initiated a culture of sweetness, but also generated a large production industry. As a result, Peru had become a major sugar producer by the mid-twentieth century.

The blending of cultures and their products gave rise to the very creative "mestiza" cuisine known in Peru today. Local products such as corn, regular and sweet potatoes, yuca, bananas, and chili peppers have been added to recipes of Spanish origin. Clear examples of these mestizo dishes include Puchero, Chupe, Cazuela, Pork Chicharrones, and Sancochado (with yuca, sweet potato, cabbage, and rice).

Another influence that must not be overlooked is the massive arrival of African slaves who primarily worked on the cotton plantations along the southern coast of Peru during the 18th century. Today we recognize their tremendous influence on "criolla," or popular, food, as their diet was based on inexpensive ingredients such as beans, potatoes, and sweetbreads, which they transformed into highly-seasoned dishes that disguised the poor quality of the products available to them. This cultural and culinary syncretism gave rise to the dishes that are regularly found on the finest tables today, such as Beef Heart Skewers, Tacu-Tacu, and Cau-Cau.

In 1854 Peruvian president Ramón Castilla officially abolished slavery, which subsequently generated the need to find a new labor force. The Peruvian Congress therefore passed the "China Law," which allowed Asians to immigrate freely into Peru.

The newcomers had very different eating habits that they refused to abandon despite local prejudice and ridicule. They adhered to their traditional way of life and even demanded that labor contracts include an item requiring respect for their foodways. This is undoubtedly one of the primary reasons for the acceptance that Asian customs have achieved in Peru, and Asian culinary contributions are now considered among the most valuable elements in today's Peruvian cuisine.

The desire to eat familiar foods and the need for inexpensive provisions for Asians and lower-income Peruvians have led to a proliferation of Chinese restaurants, which adopted the name "chifas" around 1920. It has been suggested that the word chifa may have been formed through the adaptation of Chinese words for eating rice: "chifan" means to eat rice in Mandarin; it's "sekfan" in Cantonese and "sitfan" in Hakka. The term might also have been influenced by words meaning "to cook," such as "chiufan" in Cantonese and "choufan" in Hakka.

A review of the international influences on Peruvian cuisine cannot disregard the influx of Europeans in the 19th century. Peru declared its independence in 1857, and approximately 20,000 non-Spanish Europeans resided in Lima shortly thereafter. Italian immigrants, for example, are recognized as pioneers in developing the fishing industry along the Peruvian coasts, thus augmenting the consumption of both fish and shellfish.

While the cultural influences that have contributed to modern Peruvian cuisine are certainly significant, the country's unparalleled natural wealth also plays a major role in its gastronomy. Ninety percent of the world's climate types are found in Peru's three major regions: the coast, the sierra (mountain highlands), and the selva (jungle). Approximately 1,860 miles of coastline bathed by the Pacific Ocean account for a very high consumption of a broad variety of seafood. The sierra, which is made up of a large section of the Andes Mountains, has many rivers and gorges that form a series of valleys rich in flora and fauna. And finally the selva, or Amazon jungle area, which comprises nearly 40% of Peru's territory, provides an abundant source of fruits and vegetables.

Let's move on now to a selection of Peruvian recipes, many of which date back centuries to the ancient small towns of Peru. Now you can prepare them at home to share with family and friends. As the beloved Peruvian singer Chabuca Granda said, "Peru is my life spring."

TÉCNICAS E INGREDIENTES

En este capítulo hay explicaciones de distintos productos, expresiones culinarias o palabras muy peruanas que encontrarán en las recetas de este libro. También hay algunas recetas básicas que se usan frecuentemente como base o acompañamiento para otras preparaciones. Se trata de entregarles herramientas que son claves para lograr un sabor peruano con los productos disponibles fuera del Perú.

AHOGAR: ("Reahogar" significa lo mismo que "ahogar"). Los peruanos le decimos "ahogado" al sofrito que sirve de aderezo para casi todos nuestros guisos, porque "el ahogado es el que se ahogó", es decir, el sofrito es seguido por otros ingredientes, generalmente líquidos, que en realidad "lo ahogan". Por lo tanto "ahogar" es cubrir un sofrito con los demás ingredientes de una preparación.

AJÍ: Puede referirse a la planta y fruto de ají o a un tipo de guiso o sopa. Para comprender esta acepción vea la definición de "picantes".

AJÍ AMARILLO: Fuera del Perú se lo comercializa, congelado, en las tiendas especializadas en productos peruanos o en grandes supermercados. Con él se prepara una salsa que se usa mucho para aderezar o acompañar diversos platos.

AJÍ MIRASOL O PANCA: Es un ají rojo y deshidratado equivalente al ají "cacho de cabra".

AJÍ NO MOTO: Esto no es un ají sino un polvo parecido a la sal, sin embargo es monosodio glutamate, que en realidad es un resaltador de sabores. Activa e incentiva el funcionamiento de las papilas gustativas.

AJÍ ROCOTO: ("locoto" en Bolivia) Se llama así a la planta y al fruto de una especie grande de ají. Se encuentra hoy día tanto en negocios especializados como en supermercados.

AJONJOLÍ: Es el nombre con el que comúnmente se llama a las semillas de sésamo.

ALMÍBAR DE HEBRA: Mezcla de agua con azúcar, por lo general en proporciones de 2 a 5 respectivamente,

que se hierve para reducir hasta lograr un hilo fino o "hebra", lo que indica que está listo. El almíbar de hebra se utiliza en la preparación del merengue del Suspiro de Limeña.

ALONES DE PATO: Se les llama "alones" a las alas de un pato, por su tamaño.

AMARGO DE ANGOSTURA: Es un licor que hecho con una mezcla de hierbas naturales y especias usado en la preparación de coktails, como el pisco sour peruano. La fórmula secreta del licor fue desarrollada por el doctor J. Siegert, médico del ejército de Simón Bolívar. El doctor Siegert usaba este aromático licor para mejorar el apetito y la digestión de los soldados. El nombre "Angostura" se debe al pueblo en Venezuela donde el doctor estuvo acuartelado.

CALDOS: Se pueden denominar como "el alma" de cualquier cocina. Fortalecen y aportan el carácter que diferencia a una de otra. Imagínense un buen guiso hecho a partir de ingredientes frescos y bien escogidos, cocinado solo con agua, ¡qué aburrido! En cambio, imagínense el mismo guiso cocinado con un buen caldo bien robusto…, el resultado será muy distinto. Muchas veces no encontrarán un "caldo" dentro de la lista de ingredientes de una receta, sin embargo, recomiendo tenerlos siempre a mano, para ajustar la consistencia de prácticamente todas las preparaciones. Un dato muy importante: una vez preparados, los caldos deberán permanecer siempre en estado de ebullición o bajo los 0ºC, pues se descomponen con mucha facilidad. Por lo tanto, si un caldo no se va a usar dentro del día, se debe dejar enfriar algunos minutos, para luego congelarlo.

CALDO DE CAMARONES: Es fundamental para el chupe de camarones, arroz con camarones y cebiche de camarones a la piedra, entre otros.

INGREDIENTES PARA 1 LT
- 2 tazas de cabezas de camarón
- 1 copa de vino blanco
- 1 rama de apio cortada en tiras
- 1 cebolla chica cortada en 4
- 2 zanahorias cortadas en tiras
- 1 cucharadita de pimienta negra
- 1 rama de perejil
- ½ cucharada de sal
- 8 tazas de agua

Coloque todos los ingredientes en una olla y cocine con ella destapada por 1 hora a fuego medio. Una vez cocido, cuele y vuelva el caldo a la olla por 1 hora más. Finalmente cuele y reserve hasta ocuparlo en la receta que esté preparando.

CALDO DE MARISCOS: Este caldo se obtiene de la
cocción de mariscos bivalvos, como choros, almejas
u ostiones. Es bueno para la preparación de los
cebiches y para bajarles la acidez.

CALDO DE PESCADO

INGREDIENTES PARA 1 LT

- ½ kg de cabezas de pescado
- 1 copa de vino blanco
- 1 rama de apio cortada en tiras
- 1 cebolla chica cortada en 4
- 2 zanahorias cortadas en tiras
- ¼ cucharada de pimienta negra
- 1 rama de perejil
- ½ cucharada de sal
- 4 tazas de agua
  Coloque todos los ingredientes en una olla y lleve
  a hervor. A los 25 a 30 minutos deguste el caldo,
  porque irá cambiando rápidamente de sabor. Una
  vez que tenga un gusto casi dulce, retire del fuego,
  cuele y reserve hasta ocuparlo en la receta que
  esté preparando.

CALDO DE VACUNO

INGREDIENTES PARA 2 LT

- 1 kg de huesos de vacuno
- 1 tomate
- 2 litros de caldo de pollo
- 2 ramas de apio cortadas en tiras
- 1 cebolla cortada en 4
- 1 zanahoria cortada en tiras

- 1 hoja de laurel
- 1 cucharada de sal
- 4 litros de agua
  Coloque los huesos y el tomate en una asadera y
  cocine en el horno a 250ºC por unos 30 a 45 minutos,
  hasta que logren un dorado parejo, sin que se
  quemen. Deseche el tomate y transfiera los huesos y
  los jugos desprendidos a una olla grande, cubra con
  el caldo de pollo y el agua y agregue las verduras.
  Cocine por unas 4 a 5 horas a fuego lento sin tapar
  la olla. Cuele y reserve hasta ocuparlo en la receta
  que esté preparando. Cuando prepare este caldo
  debe tener cuidado con el exceso de sal, pues como
  la cocción la realiza sin tapar la olla, el agua al
  evaporarse concentra el contenido de sal.

CAMARÓN / LANGOSTINO: En Perú se denomina
"langostino" al camarón cultivado en agua salada.
El "camarón", en cambio, es el que proviene solo de
agua dulce. En Perú se los encuentra en los valles
costeros del centro-sur, donde se destacan por la
cantidad que producen y lo sabrosos que son, los de
Camaná en Arequipa y Omate en Moquegua.

CAMOTE PERUANO: Es único en el mundo por su dulzor,
consistencia y su color anaranjado profundo.
Puede encontrarlo en las tiendas especializadas en
productos peruanos, o reemplazarlo hirviendo el
camote común en agua con jugo de naranja y canela.

CARAPULCRA: En quechua quiere decir "guisado" o
"bien guisado". Es el nombre del guiso que se hace
con papa seca.

"CASAR" LOS SABORES: Término usado comúnmente
para describir la forma en que los sabores se van
combinando durante la cocción y también cuando el
plato ya está listo. La verdad es que me gusta usar
este término, que escuché por primera vez de boca
de don Carlos Arguiñano (famoso chef español), pues
describe a cabalidad la "redondez" de un plato.

CEBOLLA: En el Perú solo existe la variedad morada
o roja. Para unificar las recetas de este libro y
estandarizarlas, solo usamos cebolla blanca. Un truco
para teñirla es remojarla con cáscara de betarraga,
pero si consiguen la roja mejor aún.

CHARQUI: Es carne seca de vacuno o de caballo.

CHICHARRÓN: El chicharrón en Perú solo se asocia al
cerdo. En la cocina moderna se le puede llamar
"chicharrón de calamar" a los calamares fritos,
pero si uno está en el Perú y habla de chicharrón, se
entiende que se refiere al de cerdo.

CHOCLO PERUANO: Esta característica variedad de choclo
crece en la costa del Pacífico (desde la costa central

peruana hasta México) y en la sierra central peruana, específicamente el Valle de Urubamba en Cusco, también llamado el "Valle Sagrado" de los Incas. Este choclo es de color blanco y no tan dulce como las variedades que se encuentran en otros países. Uno de sus usos más preciados es para acompañar un buen cebiche. Fuera del Perú se puede encontrar congelado en las tiendas especializadas en productos peruanos y en grandes supermercados. Un tema interesante es que en Perú hay choclo fresco todo el año; cuando se termina de cosechar el de la sierra se empieza a cosechar el de la costa.

CHUPES: En Perú se llama "chupe" a una sopa contundente, que por lo general tiene arroz y papas para aportar textura y vigorosidad. Dentro de ellas definitivamente destaca el "Chupe de Camarones".

CONCHAS NEGRAS: Es un marisco del norte del Perú, que se extrae en las desembocaduras costeras de Chiclayo, Piura y Tumbes. Su forma es parecida a la almeja, o mejor dicho a las "tacas" de la zona central, y su carne tiene un color blanquecino similar a la del choro o mejillón. Este marisco desprende un jugo rico en yodo y fósforo, de un color negro intenso, de ahí su nombre. Con este jugo se prepara la "Leche de Pantera".

CÚRCUMA: Es una planta de la India de cuya raíz se obtiene uno de los ingredientes del curry. La cúrcuma en polvo es excelente para teñir de amarillo algunas preparaciones con papa, cuando queremos que se parezcan a las preparadas con la peruanísima papa amarilla.

LIMÓN DE PICA: Limón más ácido y pequeño que el limón común. Se puede reemplazar por limón sutil o por lima.

MARIDAJE: Cuando los sabores de los ingredientes que se combinan en una receta se unen a través de la cocción.

MENUDENCIAS: Término usado para designar los interiores del pollo: corazón, contre –que en Perú se llama "molleja"–, hígado y a veces patas y cabezas.

MONDONGO: Es el nombre que se da en Perú a las "guatitas" de vacuno.

MUÑA: Hierba altiplánica que usaban los Incas para la conservación de las papas. La muña evitaba que las papas echaran brotes, logrando que se mantuvieran por largos períodos sin descomponerse.

OLLUQUITO: "Papa de agua". Es una variedad de papas de la sierra central peruana de un sabor muy particular, de color amarillo intenso, de cáscara jaspeada con colores violetas y rojizos.

PALILLO: En el Perú es sinónimo de "cúrcuma".

PALLAR: Poroto de color blanco crema, de forma oval plana y de 2 a 3 cm de ancho aproximadamente. Sin lugar a dudas, donde mejor los he probado es en Ica, tierra rica en tradición, que está 300 km al sur de Lima sobre la costa.

PAPA SECA: Es la papa que se deshidrata en las punas por las heladas. Su textura es como la de pequeñas piedras que se pueden conservar casi indefinidamente.

PICANTES: Los "picantes" o "ajíes" son guisos o sopas que se espesan con pan remojado en leche. Entre los picantes peruanos definitivamente destacan el "Ají de Gallina" y el "Picante de Camarones". Es importante también destacar que ni los ajíes ni los "picantes" deben su nombre al hecho que son extremadamente picantes sino a su textura y suavidad.

PIQUEOS: En Perú usamos este término para referirnos al momento del aperitivo. En Perú los piqueos son muy populares, porque nos permiten ir comiendo o picando con un aperitivo mientras "rompemos el hielo" antes de sentarnos a la mesa para la comida principal.

PISCO: Es un particular destilado del mosto fermentado de uvas. El pisco peruano se produce principalmente con uvas de las variedades llamadas Italia y Quebranta, y su graduación alcohólica alcanza los 45°. Para cocinar puede reemplazarse por aguardiente o grapa.

SALSAS: En la mayoría de las recetas de este libro verán que llegado el momento de servir cada plato se debe acompañar con alguna salsa. Estas son parte importante en el sabor característico de cada preparación y se pueden preparar con anticipación para ser usadas en distintas oportunidades.

SALSA DE AJÍ AMARILLO

- ½ kilo de ají amarillo peruano
- 1 taza de aceite vegetal
- 1 diente de ajo pelado
- 1 cebollín cortado en tiritas
- Sal y pimienta

En la licuadora mezcle el ají bien lavado con el aceite y el ajo hasta lograr una salsa de textura homogénea. Agregue el cebollín, revuelva y sazone con sal y pimienta a gusto.

SALSA DE ALCAPARRAS

- ½ taza de alcaparras escurridas
- ¾ taza de mayonesa
- ½ taza de crema de leche

Proceda a licuar las alcaparras y la mayonesa en la licuadora hasta lograr una textura homogénea. Comience a probar la salsa para ir ajustando el sabor definitivo que logrará con el aporte de la crema.

SALSA CRIOLLA

- 2 cebollas cortadas en pluma
- ¼ taza de vinagre blanco de vino
- 3 ajíes cortados en tiritas
- 1 tomate cortado en cubitos
- ¾ taza de aceite de oliva
- Sal y pimienta
- 1 rama de perejil picado

Pase rápidamente las cebollas por agua caliente (para que no pierdan su consistencia crocante), cuélelas bien y póngalas en un bol con el vinagre. Deje reposar hasta que se enfríen. Una vez frías

mezcle con el resto de los ingredientes y espolvoree con el perejil picado.

SALSA DE LIMÓN CON CANELA CHINA

- ½ taza de jugo de limón de Pica
- 1 cucharada de canela china (la "canela china" no es reemplazable por canela común, equivale a un aliño llamado "5 especias")
- Sal

En un bol mezcle los ingredientes hasta lograr que queden incorporados.

SALSA DE PEREJIL

- 1 atado de perejil
- 1 taza de aceite vegetal
- 1 huevo
- Sal y pimienta

En la licuadora eche el huevo y agregue la mitad del aceite poco a poco. Añada el perejil y termine incorporando el resto del aceite. Sazone con sal y pimienta.

SALTAR: Este término significa dorar los ingredientes rápidamente. De aquí viene el nombre del "Lomo Saltado".

SANCOCHAR: Este término se usa comúnmente en Perú para describir la acción de cocer algún alimento en agua hirviendo.

"TOMAR PUNTO": Este término lo uso mucho cuando trato de describir el momento en que los productos que estamos cocinando están listos para recibir una siguiente parte dentro de la preparación. Por ejemplo, en un ahogado: cuando la cebolla se pone transparente es que "tomó punto" para ser ahogada con la siguiente parte de la preparación. También digo que una preparación "ha tomado punto" cuando la textura, el sabor y el color son precisos. Nunca olvidemos que cuando cocinamos todos nuestros sentidos cuentan, ¡hasta los oídos! Éstos son capaces de decirnos mucho de lo que está pasando con la preparación, cierren un instante los ojos y "escuchen cómo se cocina...".

WARIKES: Este es un término equivalente a las "picadas" en Chile o "bodegones" en Argentina. Es usado por los peruanos para nombrar lugares que uno descubre, tanto restaurantes como tiendas, donde se encuentran cosas curiosas, productos escasos, etc.

YUCA: Corresponde a la raíz de una planta americana, también conocida como "mandioca" en Brasil, Paraguay y norte de Argentina. Se parece a la papa, pero tiene una forma más alargada y sabor más pastoso.

TECHNIQUES AND INGREDIENTS

This chapter provides explanations and definitions of a number of products, culinary terms, and very Peruvian expressions found in the recipes in this book. It also includes some basic recipes that are frequently used either as a foundation or accompaniment for other preparations. Here you will find the basics necessary to achieve dishes with authentic Peruvian flavor.

AHOGAR: Peruvians use this word, which means "to drown" to refer to the lightly sautéed components in nearly all Peruvian stews because this part gets "drowned," when the other ingredients, usually liquids, are added. Therefore, "ahogar" means to cover a sautéed base with the remaining ingredients.

AJÍ: in Peru this can refer to a chili pepper or to a type of stew or soup. For a better understanding, see the definition of "picantes."

AJÍ-NO-MOTO: This is not a pepper, but rather monosodium glutamate (MSG). Despite its controversial reputation, it truly does heighten flavor by activating the taste buds.

AJONJOLÍ: Is the Spanish name for sesame.

ALONES DE PATO: Peruvian term for duck wings.

ANGOSTURA BITTERS: This is a highly concentrated liquid used for flavoring cocktails such as the Peruvian Pisco Sour. Made from a secret formula, it is a unique blend of natural herbs and spices used to flavor a wide variety of foods and drinks. The "secret" was developed in 1824 by Dr. J. Siegert, a physician in Simon Bolivar's army in Venezuela. He used his aromatic bitters to improve the appetite and digestive well-being of the soldiers. The name "Angostura" came from the name of the town in Venezuela where Dr. Siegert was based.

BLACK SHELL CLAM: This shellfish found in river outlets in northern Peru along the coasts of Chiclayo, Piura, and Tumbes has whitish meat similar to mussels. Its juice is rich in iodine and phosphorous and is intensely

black, which gives rise to its name. The juice is used to make "Panther's Milk."

BROTHS/STOCKS: These are the heart and soul of any cuisine. They strengthen and add to the character that differentiates one cook from another. Imagine a good stew made from carefully-chosen fresh ingredients and cooked in plain water. How boring! Now imagine the same stew cooked with a good, hearty stock... the result is very different. Although broth is not always listed among a recipe's ingredients, I recommend having some on hand for adjusting the consistency of practically any dish. One very important tip: once prepared, stocks should be maintained at a boil or frozen as they decompose very easily. Therefore, if the stock will not be used the same day, it should be allowed to cool briefly and then frozen.

BEEF BROTH

INGREDIENTS FOR 2 QTS

- 2 lbs beef bones
- 1 tomato
- 2 qts chicken broth
- 2 stalks celery, julienne
- 1 onion, quartered
- 1 carrot, julienne
- 1 bay leaf
- 1 tablespoon salt
- 4 qts water

Place the bones and tomato in a roasting pan and bake in a hot oven (450°F) until well browned but not burned. Transfer the bones and the accumulated juice to a large pot, cover with the chicken broth and water, and add the vegetables. Simmer uncovered 4-5 hours over low heat. Strain and reserve for use in another recipe.

Be careful not to add too much salt to the broth while cooking. It is best to use only a very small amount because as the broth reduces, the water will evaporate and the salt will become more concentrated.

FISH BROTH

INGREDIENTS FOR 1 QT

- 1 lb fish heads
- 1 cup white wine
- 1 stalk celery, julienne
- 1 small onion, quartered
- 2 carrots, julienne
- ¼ tablespoon black pepper
- 1 sprig parsley
- ½ tablespoon salt
- 4 cups water

Place all of the ingredients in a large pot and bring to a boil. Test the flavor repeatedly between 25 and 30 minutes because it will change quickly. When the flavor is almost sweet, remove from heat, strain, and reserve the broth until ready for use.

SHELLFISH BROTH: Make this broth with bi-valve shellfish such as mussels, clams, and scallops. I like to use it to lower acidity when preparing warm ceviches.

SHRIMP BROTH: This is an essential element in Peruvian crayfish chowder (or "chupe"), shrimp and rice, hot shrimp cebiche, and other dishes.

INGREDIENTS FOR 1 QT
- 2 cups shrimp or crayfish heads
- 1 cup white wine
- 1 stalk celery, julienne
- 1 small onion, quartered
- 2 carrots, julienne
- 1 teaspoon black pepper
- 1 sprig parsley
- ½ tablespoon salt
- 8 cups water

Place all the ingredients in a pot and cook uncovered for 1 hour. Strain and return the broth to the pot and continue to cook for another hour. Finally, strain and reserve for use in your recipe.

CARAPULCRA: This is a Quechua term for "stewed" or "well-cooked." It is also the name of a stew made with dried potatoes.

CHANCACA: This unrefined sugar sold in blocks is often used in desserts. Substitute an equal amount of molasses.

CHARQUI: or Jerky is dried beef or horse meat.

CHICHARRÓN: Although in modern cooking fried squid may also be called "squid chicharrones," when people in Peru use the term they are referring to pork.

CHUPE: This term is used differently in different countries. In Peru a "chupe" is a type of hearty soup or chowder, usually made with rice and potatoes for a nice, thick texture. "Chupe de Camarones" (Crayfish Chowder) is an excellent example.

DRIED POTATO: Potatoes are dehydrated by hard frosts in the altiplano (high plateau). They look and feel like small stones and last almost indefinitely.

"MARRY" THE FLAVORS: A commonly-used expression to describe the way that flavors combine during cooking and after completion. I first heard it used by the famous Spanish chef Carlos Arguiñano, and I like to use it because it precisely describes the way a dish rounds out.

MIRASOL OR PANCA CHILI PEPPER: A type of dried red chili pepper.

MONDONGO: This is the Peruvian term for beef tripe.

MUÑA: An altiplano (high plateau) herb used by the Incas to preserve potatoes. It prevented them from sprouting so that they lasted for long periods without spoiling.

OLLUQUITO: "Water potato." This is a variety of potato from Peru's central highlands with a very unique taste. It is intensely yellow and has a mottled violet and reddish skin.

ONION: The red onion is the only variety that exists in Peru. In order to standardize the recipes in this book, we have only used white onions. Use red onions if available, if not, white onions can be dyed red by soaking them with beets, although they will be an even brighter red.

PALILLO: Peruvian term for turmeric.

PALLAR: Creamy-white, oval-shaped bean measuring approximately ¾ to 1 ¼ inches wide. The best I've ever eaten were in Ica, a land rich in tradition 185 miles south of Lima along the coast.

PERUVIAN CORN: This typical variety of corn grows along the Pacific coast from Central Peru to Mexico as well as in Peru's central highlands in Cuzco's Urubamba Valley, also known as the Sacred Valley of the Incas. The corn is white and less sweet than other varieties. One of the best ways to serve it is with a good cebiche. It can be found frozen in shops specializing

in Peruvian products and in large supermarkets. Interestingly, fresh corn is available in Peru year-round; when the harvest ends in the highlands, it begins along the coast.

PERUVIAN SWEET POTATO: This is unique for its sweetness, consistency, and bright orange color. It can be found in shops specializing in Peruvian products. For a suitable substitute, boil regular sweet potatoes in water with orange juice and cinnamon.

PERUVIAN YELLOW CHILI PEPPER: These hot peppers can be found frozen in large supermarkets or shops that specialize in Peruvian products. They are used to prepare a sauce that is often used to season numerous dishes.

PICA LEMON: Almost a cross between a lemon and a lime, this tiny, round, yellow-green citrus fruit has a unique flavor and is tarter than the common lemon. Its name comes from the Chilean valley where it is widely grown. Limes are an acceptable substitute. The juice of 1 pica lemon is roughly the equivalent of ½ lime.

PICANTES: "Picantes" or "ajíes" are stews or soups that are thickened with milk-soaked bread, like the "chupes" in Chile. Among the most important Peruvian picantes are the "Ají de Gallina" and the "Picante de Camarones." Despite the name (which means spicy in Spanish) these dishes are not particularly spicy but rather owe their name to their soft texture.

PIQUEOS: This is the Peruvian term for appetizers. They are very popular because they allow us to snack and break the ice before moving to the table for the main meal.

PISCO: A grape-based distilled spirit with an alcohol content around 45%. Peruvian pisco is primarily made from the Italia and Quebranta varieties. Substitute an equal amount of grappa or aguardiente. Vodka is not usually an appropriate substitute because it is flavorless. When flavor is important, substitute a dry white wine.

ROCOTO CHILI PEPPER: ("locoto" in Bolivia) This pepper may be found in large supermarkets and specialty shops.

SANCOCHAR: This is the term commonly used in Peru to cook something in boiling water.

SAUCES: Most of the recipes in this book are served with some kind of sauce, which is a major flavor component in the dish. Sauces can be prepared ahead and kept on hand for various uses.

CAPER SAUCE
- ½ cup capers, drained
- ¾ cup mayonnaise
- ½ cup cream
  Process the capers and mayonnaise in a blender until smooth. Adjust the flavor with the cream.

CRIOLLA SAUCE
- 2 onions, sliced
- ¼ cup white wine vinegar
- 3 chili peppers, julienne
- 1 tomato, diced
- ¾ cup olive oil
- Salt and pepper
- 1 sprig parsley, chopped
  Quickly rinse the onions with very hot water to slightly soften their texture and flavor (do not allow them to "cook" or they will lose their crunchy texture). Drain well, place them in a bowl with the vinegar, and allow to cool. Add the remaining ingredients, mix well, and sprinkle with chopped parsley.

LEMON SAUCE WITH CHINESE 5-SPICE POWDER
- ½ cup Pica lemon or lime juice
- 1 tablespoon Chinese 5-spice powder
- Salt to taste
  Mix all the ingredients in a bowl.

PARSLEY SAUCE
- 1 bunch fresh parsley
- 1 cup vegetable oil
- 1 egg
- Salt and pepper

Place the egg in a blender and process, slowly adding half the oil. Add the parsley and finish incorporating the remaining oil. Season with salt and pepper.

PERUVIAN YELLOW HOT SAUCE

- 1 lb Peruvian yellow chili peppers, well washed
- 1 cup olive oil
- 1 clove garlic, peeled
- 1 green onion, julienne
- Salt and pepper

Process the chili pepper with the oil and garlic in a blender until homogenous. Add the green onion, stir well, and season with salt and pepper to taste.

SHRIMP/LANGOSTINO/CRAYFISH: In Peru the term 'langostino' refers to large salt-water shrimp or prawn. Peruvian 'shrimp,' however, are fresh-water crustaceans called crayfish in English. In Peru they are found in the coastal valleys of the central-south, particularly in Arequipa and Moquegua and are prized for their rich flavor.

THREAD STAGE SYRUP: This sugar syrup is used in making meringue and Suspiro de Limeña. Mix 5 parts sugar with 2 parts water; bring the mixture to a boil and reduce. The syrup is ready when it reaches a fine thread when lifted with a spoon.

TURMERIC: This is a plant from India whose root is used as one of the ingredients in curry. Powdered turmeric is excellent for adding yellow coloring to some potato dishes when we want them to look like they've been prepared with the Peruvian yellow potato.

WARIKES: Peruvians use this term to refer to restaurants or shops that one discovers that sells curious items or scarce products, etc. These are known as "picadas" in Chile and "bodegones" in Argentina.

YUCA: Or manioc root, is the root of a plant indigenous to the Americas. It is somewhat similar to a potato, but is longer and has a milder taste.

NOTE ON TRANSLATIONS

The recipes have been adapted for home cooks in a US kitchen, and all attempts have been made to provide substitution equivalents wherever possible.

APERITIVOS
APPETIZERS

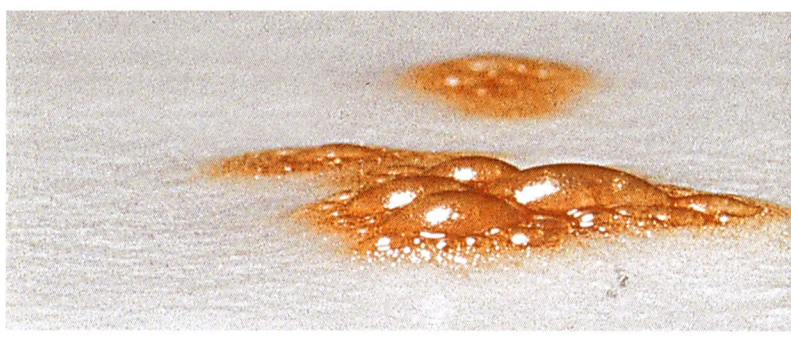

Leche de Tigre o Pantera
Tiger's Milk / Panther's Milk

Lleva este nombre el jugo que se desprende de la preparación del cebiche, al que opcionalmente se le agregan unas gotas de pisco, o en versiones más modernas unas gotas de vodka. La diferencia entre la leche de tigre y la de pantera, es que la primera se obtiene del cebiche preparado con pescados o mariscos y la segunda, del preparado con las "conchas negras", oriundas del norte del Perú. La concha negra es un marisco de las costas de Chiclayo, Piura y Tumbes. Su forma es parecida a la almeja y su carne tiene un color blanquecino similar a la del choro. Este marisco desprende un jugo rico en fósforo y yodo de un negro intenso, el que da su nombre a la "Leche de Pantera". Este aperitivo es especial para el día después de una buena fiesta.

Ingredientes
para 4 personas

– Jugo de cebiche
– Unas gotitas de pisco o vodka

Preparación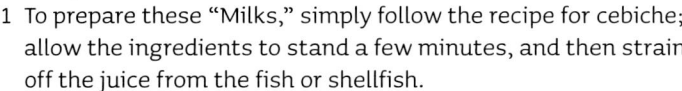

1 Para preparar estas "Leches", simplemente debe seguir la receta del cebiche; deje macerar los ingredientes unos minutos y luego cuélelos para separar el jugo de los pescados o mariscos.

2 Sirva el jugo en copas y agregue unas gotas de pisco o vodka, según el antojo del momento. Finalmente decore con una ramita de apio y ¡salud!

SECRETO
USE CEBICHE PREPARADO RECIENTEMENTE, PUES EL SABOR DEL JUGO PRODUCIDO SE ALTERARÁ CON RAPIDEZ A MEDIDA QUE EL JUGO DE LIMÓN SE OXIDE.

These drinks are made with the juice released when making cebiche. A few drops of pisco are often added, although more modern versions may use vodka. Tiger's Milk is the juice of cebiche made with fish and shellfish, while Panther's Milk comes from one made with "black-shells," a type of clam only found along the northern coasts of Peru near Chiclayo, Piura, and Tumbes. Its shape is similar to that of a clam, while its meat is whitish like a mussel. This shellfish releases an intense black juice that is rich in phosphorous and iodine, and which inspires the name Panther's Milk. Either drink is perfect for the day after a great party.

Ingredients
serves 4

– Cebiche juice
– Pisco or vodka

Preparation

1 To prepare these "Milks," simply follow the recipe for cebiche; allow the ingredients to stand a few minutes, and then strain off the juice from the fish or shellfish.

2 Serve with a few drops of pisco or vodka as desired. Garnish with a celery stick, and Cheers!

SECRET
USE ONLY FRESHLY-MADE CEBICHE BECAUSE THE FLAVOR CHANGES QUICKLY AS THE LEMON JUICE OXIDIZES.

Pisco Sour

La palabra "pisco" deriva de la voz quechua "pisjo", que significa "ave". El Valle de Pisco se ubica en la costa del Perú, 150 km al sur de Lima, y debe su nombre a la gran cantidad de aves de distintas especies que lo habitan. Es en este valle donde se produjo y se embarcó a España por primera vez un particular destilado del mosto fermentado de uvas, que hoy es conocido como "Pisco". El pisco peruano se produce principalmente con uvas de las variedades Italia y Quebranta, y su graduación alcohólica alcanza los 45º.

Ingredientes
para 6 personas
– 2 tazas de pisco (mínimo de 40°)
– ½ taza de jarabe de goma ó ½ taza de azúcar
– ½ taza de jugo de limón de Pica
– 1 clara de huevo
– 1 taza de hielo
– Amargo de Angostura para servir

Preparación 👨‍🍳👨‍🍳
1 En la licuadora o coctelera mezcle el pisco y el jarabe de goma hasta que este se disuelva bien. Si usa azúcar debe agregarla siempre antes que el limón, logrará que se disuelva más rápido. Agregue el limón, la clara y el hielo. Siga batiendo hasta que la mezcla quede homogénea, bien helada y con una buena capa de espuma.
2 En Perú servimos el pisco sour en vasos whiskeros, con una gota de Amargo de Angostura sobre la espuma. El Amargo de Angostura se agrega como un aporte al aroma, otorgando un toque especial cuando uno se lleva la copa a la boca.

JARABE DE GOMA
1 En una olla mezcle 5 tazas de azúcar granulada con 2 tazas de agua, un trozo de cáscara de limón o naranja y dos ramas de canela. Caliente revolviendo sin llegar al hervor.
2 Una vez que el azúcar esté bien disuelta mantenga la olla en el fuego revolviendo por unos 15 minutos, sin que hierva.
3 Retire del fuego, agregue dos hojas de colapez y revuelva hasta que se disuelvan. Deje enfriar y cuele antes de guardar.
4 Este jarabe lo puede guardar hasta por 6 meses, conservándolo en un lugar fresco y seco.

SECRETO
ES FUNDAMENTAL QUE EL JUGO DE LIMÓN SEA RECIÉN EXPRIMIDO, PUES SU RÁPIDA OXIDACIÓN LE QUITA FRESCURA AL PISCO SOUR.

The word "pisco" is derived from the Quechua word "pisjo," which means "bird." The Pisco Valley lies about 90 miles south of Lima along the Peruvian coast and owes its name to the large number and variety of birds found there.
It was here that a peculiar brandy now known as Pisco was first made and shipped to Spain. Peruvian pisco is usually made from Italia and Quebranta grapes and reaches 45% alcohol.

Ingredients
serves 6
– 2 cups pisco (minimum 40% alcohol)
– ½ cup simple syrup (or ½ cup granulated sugar)
– ½ cup fresh-squeezed Pica lemon or lime juice
– 1 egg white
– 1 cup ice
– Angostura bitters to serve

Preparation 👨‍🍳👨‍🍳
1 Mix the pisco and simple syrup or sugar in a cocktail shaker or blender (sugar dissolves faster if added before the lemon juice). Add the lemon juice, egg white, and ice. Continue mixing until the drink is well-blended, very cold, and frothy.
2 In Peru we serve Pisco Sours in whisky glasses with a drop of bitters for aroma and a special touch.

SIMPLE SYRUP
1 Mix 5 cups of sugar, 2 cups of water, a small strip of lemon or orange zest (colored part only), and 2 cinnamon sticks in a saucepan over medium heat.
2 Stir constantly for about 15 minutes. Do not allow the mixture to boil.
3 Remove from heat and add 2 sheets of gelatin (or ½ tablespoon unflavored gelatin), stir well until the gelatin is dissolved. Allow to cool and strain.
4 Pour into a glass bottle and store in a cool place for up to 6 months.

SECRET
LEMON AND LIME JUICE OXIDIZE AND LOSE THEIR FLAVOR VERY QUICKLY, SO USE ONLY FRESHLY-SQUEEZED JUICE IN YOUR PISCO SOURS.

Choros a la Chalaca
Chalaca-style Mussels

Este es un plato que celebra al Callao, puerto principal del Perú, pues a las personas oriundas de esta ciudad se les llama "chalacos". Los choros a la "chalaca" son espectaculares para la media mañana, ojalá servidos con una "chela al polo", es decir, una cervecita bien helada.

Ingredientes
para 6 personas
- 24 choros maltones chicos

PARA LA SALSA CHALACA
- 1 cebolla grande picada en cuadritos
- 2 tomates firmes pelados, sin pepas y cortados en cuadritos
- 1 rocoto sin pepas ni venas, picado en cuadritos
- 2 ajíes amarillos sin pepas, picados en cuadritos
- ½ taza de arvejas cocidas
- ¾ taza de granos de choclo peruano cocido
- 3 cucharadas de cilantro picado
- 2 cucharadas de salsa de ají amarillo (p.13)
- 1 diente de ajo machacado
- ¼ taza de jugo de limón de Pica
- Sal y pimienta

Preparación 👨‍🍳👨‍🍳
1 Cocine los choros al vapor por unos 10 a 15 minutos, dependiendo del tamaño, hasta que se abran bien. Reserve hasta que estén fríos.
2 Para la salsa una en un bol todos los ingredientes y mezcle bien.
3 Despegue los choros cocidos de su concha y póngalos sobre una media concha. Acomódelos en un plato sobre una cama de lechuga fresca y cúbralos con la salsa "chalaca".
4 Sirva acompañados de limones partidos en dos y una cerveza bien helada.

SECRETO
LA SALSA CHALACA DEBE SER PREPARADA EN EL MOMENTO Y NO SE PUEDE GUARDAR, PUES SE MALOGRA CON RAPIDEZ.

This dish is named in honor of Callao, Peru's principal port, where the residents are known as "Chalacos." Chalaca-style Mussels are spectacular served mid-morning, especially with a "chela al polo," a nice cold beer.

Ingredients
serves 6
- 24 small mussels

FOR THE CHALACA SAUCE
- 1 large onion, diced
- 2 firm tomatoes, peeled, seeded, and diced
- 1 rocoto chili pepper, seeded, deveined, and diced
- 2 yellow chilies, seeded and diced
- ½ cup peas, cooked
- ¾ cup Peruvian corn kernels
- 3 tablespoons cilantro, chopped
- 2 tablespoons Peruvian yellow hot sauce (p.17)
- 1 clove garlic, crushed
- ¼ cup Pica lemon or lime juice
- Salt and pepper

Preparation 👨‍🍳👨‍🍳
1 Steam the mussels until they open, 10 to 15 minutes, depending on the size. Discard any that do not open. Set aside to cool.
2 To prepare the "Chalca sauce," place the remaining ingredients in a bowl and mix well.
3 Loosen the mussels from their shells and place each on a half shell. Top each with the Chalaca sauce and arrange on a large plate over a bed of fresh lettuce.
4 Serve with lemon wedges and ice-cold beer.

SECRET
THE CHALACA SAUCE MUST BE PREPARED AND USED IMMEDIATELY AS IT SPOILS VERY QUICKLY.

Chicharrón de Chancho
Pork Chicharrón

"Mala" es un pequeño pueblo que está en la costa, unos 70 km al sur de Lima. Ahí es donde se popularizó este tremendo plato. En él se ve reflejada la influencia europea, puesto que la técnica para su preparación emula a la del "Confit", vale decir, el producto cocido y dorado en su propia grasa.

Para los que viajan hacia el sur del Perú, la parada en los "warikes" o cocinerías, resulta obligatoria, ya que ahí se preparan los chicharrones al lado de la carretera, en toneles de aceite calentados con leña y servidos en un rico pan con salsa criolla y un buen pedazo de camote frito. Aunque difícil de creer, el chicharrón es el típico desayuno de domingo en el Perú.

Ingredientes
para 6 personas
– 2 kilos de costillar carnudo de cerdo
– Sal

PARA ACOMPAÑAR
– 2 camotes cortados en lonjas a lo largo y fritas
– Salsa criolla (p.13)

Preparación 👨‍🍳👨‍🍳

1 Coloque en una olla las costillas cortadas en trozos grandes, eche la sal (cuidado, porque al reducir, la cantidad de sal se concentra), cubra con agua y cocine tapado durante 1 hora o hasta que el agua se haya evaporado y el chancho haya soltado toda su grasa.

2 Destape y siga cocinando hasta dorar bien por todos lados, cuidando que las costillas no se quemen, sino que solo tomen un color dorado bonito.

3 El chicharrón lo puede servir al plato, acompañado con el camote frito en lonjas y la salsa criolla, pero al estilo de Mala se sirven en sandwich. Use para ello una marraqueta o una baguette, recién salida del horno.

SECRETO
ESCOJA UN COSTILLAR DE CERDO CON BUENA
COBERTURA DE GRASA PARA LOGRAR UNA
MEJOR CROCANCIA Y SABOR.

The small coastal town of Mala about 45 miles south of Lima made this incredible dish popular, and fanatics abound. The European influence is reflected here as it is made according to the technique used for "confit," or cooked and browned in its own fat.

When traveling in southern Peru, be sure to stop at a "warike" or roadside diner where they fry the chicharrones in large oil drums heated over wood fires and serve them up in delicious bread with Criolla sauce and a large piece of fried sweet potato. Believe it or not, chicharrones are typical Sunday breakfast fare in Peru.

Ingredients
serves 6
– 4 ½ lbs meaty pork ribs, cut into large pieces
– Salt to taste

TO ACCOMPANY
– 2 sweet potatoes, cut lengthwise and fried
– Criolla sauce (p.16)

Preparation 👨‍🍳👨‍🍳

1 Place the ribs in a large pot, add salt sparingly (be careful: the salt will concentrate as the preparation reduces), and cover with water. Cover, bring to a boil, lower the heat, and cook for an hour or until the water has evaporated and the pork has released all its fat.

2 Uncover and continue cooking until nicely-browned on all sides, taking care that the ribs do not burn.

3 The chicharrones can be served on a plate with fried sweet potatoes and Criolla sauce, but in Mala, they're served in a sandwich. In my opinion, the best bread to use is a baguette fresh from the oven.

SECRET
FOR THE BEST FLAVOR AND MAXIMUM
CRUNCHINESS, CHOOSE PORK RIBS WITH A
GOOD COVERING OF FAT.

Anticuchos de Corazón
Beef Heart Skewers

Sin lugar a dudas es considerado como uno de los platos peruanos criollos más representativos. Su origen se encuentra en el importante aporte que significaron los negros africanos para la gastronomía peruana.

En Lima, el lugar indicado para saborear los anticuchos "originales" es en las afueras del estadio nacional, donde hay muchos puestos que los venden en la calle.

Ingredientes
para 6 personas

– 1 ½ kg de corazón de vacuno

PARA LA MARINADA
– ½ taza de ají cacho de cabra sin pepas
– 2 dientes de ajo pelados picados fino
– 1 cucharada de jengibre fresco molido
– ½ cucharada de comino molido
– ¼ taza de vinagre de vino
– 2 cucharadas de salsa de soya
– ¼ taza de aceite vegetal

Preparación

1 Limpie los corazones, sáqueles los nervios y córtelos en cubos de unos 2 x 2 cm.
2 Ensarte los cubos en un palito de anticucho, los clásicos en Perú son de caña.
3 Junte todos los ingredientes de la marinada en un procesador y licúelos hasta tener una mezcla homogénea. Marine los anticuchos al menos durante 2 horas.
4 Luego proceda a asar en la parrilla, agregando la marinada con un pincel poco a poco sobre ellos, unos 5 minutos por lado o hasta que estén dorados.
5 Sirva con salsa criolla y salsa de ají amarillo (p.13).
6 Si prefiere, puede reemplazar el corazón por filete de vacuno o camarones.

SECRETO
ES MEJOR MARINAR LA CARNE DE UN DÍA PARA OTRO, PUES ASÍ SE INTENSIFICA EL SABOR.

This is without a doubt one of the most representative dishes of traditional Peruvian cuisine. Its origins are found in the major contribution of African immigrants to Peruvian gastronomy.

In Lima, the best place to try "original" skewers is in one of the street stands around the National Stadium.

Ingredients
serves 6

– 3 ⅓ lbs beef heart

FOR THE MARINADE
– 2 tablespoons dried red chili pepper
– 2 cloves garlic, peeled and minced
– 1 tablespoon fresh, grated ginger
– ½ tablespoon ground cumin
– ¼ cup wine vinegar
– 2 tablespoons soy sauce
– ¼ cup vegetable oil

Preparation

1 Clean the hearts, remove the nerve, and cut into ¾-inch cubes.
2 Thread the cubes onto a bamboo skewer previously soaked in water for 30 minutes.
3 Puree the marinade ingredients in a blender or food processor. Marinate the skewers for at least 2 hours
4 Grill the skewers until browned 3-4 minutes per side, brushing with marinade as necessary
5 Serve with Criolla sauce (p.16) and Peruvian yellow hot sauce (p.17).
6 Beef steak or shrimp can be used in place of heart.

SECRET
FOR THE BEST RESULTS, MARINATE THE MEAT OVERNIGHT TO INTENSIFY THE FLAVOR.

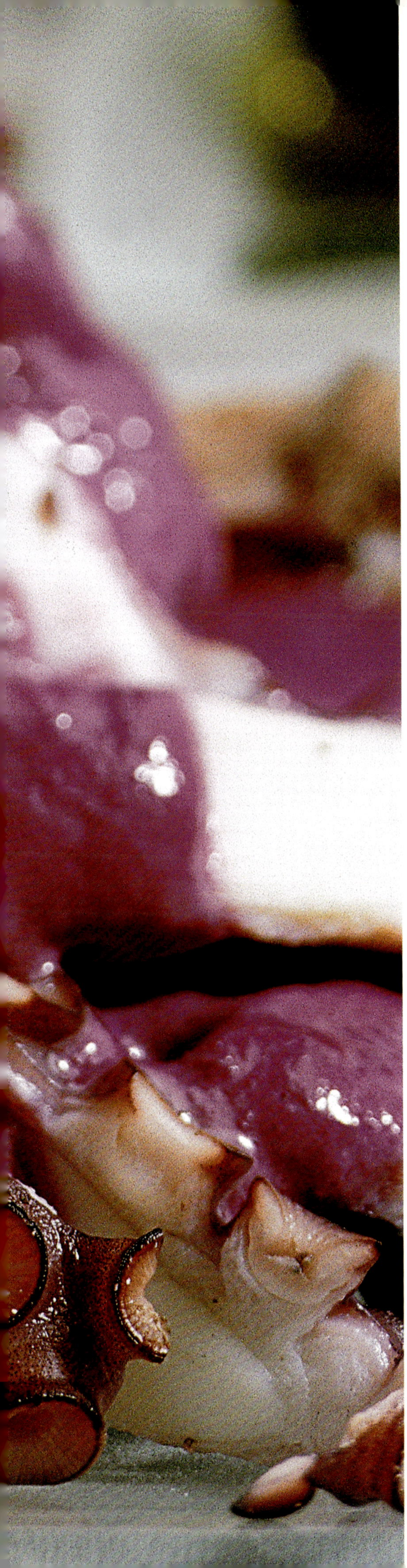

ENTRADAS
FIRST COURSES

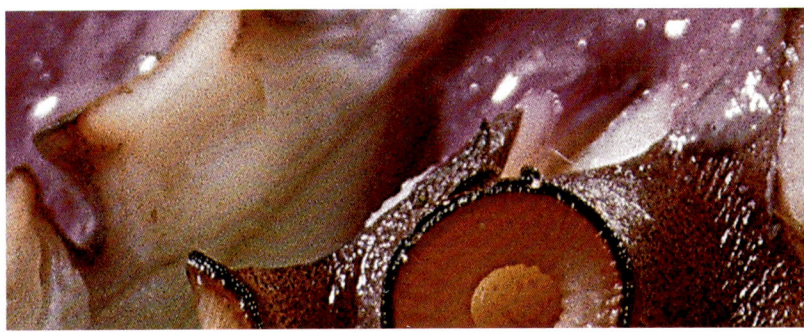

SECRETS OF
PERUVIAN
CUISINE

Cebiche
Cebiche

Sin lugar a dudas, el cebiche es uno de los platos más populares de la comida peruana; "un deporte nacional" con más de un millón de interpretaciones. Respecto al origen de la palabra "cebiche" hay distintas versiones. Una dice que por la actividad comercial en los puertos peruanos, había muchos marineros ingleses que bajaban a las ciudades a comer "pescado macerado" y lo llamaban "sea fish". Otra lo atribuye al derivado de nombrar esta preparación como "encebichado" o "encebollado".

Sin embargo, la versión que más me convence es la relacionada con la influencia mora en la comida peruana. Reconocidos historiadores concuerdan en que el cebiche tiene su origen en las mujeres moras que llegaron a Perú con los españoles. Estas mujeres preparaban un plato llamado "sei-vech" en base a pescados o aves maceradas con jugo de limón, dando origen a la palabra "Cebiche". Además "Sibech" es la palabra que designa a la comida ácida en lengua árabe.

Ingredientes
para 6 personas
- 1 kg de corvina, lenguado o reineta fileteada
- Sal y pimienta blanca molida
- 1 cucharadita de Ají No Moto
- 1 taza de jugo de limón de Pica
- 1 ají verde fresco picado fino
- Salsa de ají amarillo a gusto (p.13)
- 1 cebolla grande cortada a la pluma
- 1 diente de ajo molido
- 1 cucharadita de jengibre molido
- ¼ taza de caldo de pescado
- Cilantro picado a gusto
- 3 choclos peruanos cocidos, cortados en 6 rodajas c/u
- 3 camotes sancochados
- 1 rocoto cortado en rodajas

Preparación ☺☺

1 Lave bien el pescado y córtelo en cubos de 2 x 2 cm. Sazone con sal, pimienta y Ají-No-Moto y cubra con el jugo de limón. Agregue el ají picado, la salsa de ají amarillo, la cebolla bien lavada, el ajo y el jengibre. Corrija la sazón y baje la acidez con el caldo de pescado.

2 Espolvoree con cilantro picado, sirva en los platos y acompañe con los trozos de choclo, camote y rodajas de rocoto.

3 Para que un cebiche esté realmente bueno el pescado no puede reposar más de 5 minutos con el limón, pues pasado ese tiempo comienza a cocerse de más, perdiendo la textura y el sabor adecuados.

SECRETO
EL PESCADO DEBE SER FRESCO Y EL JUGO DE LIMÓN RECIÉN EXPRIMIDO. NUNCA USE PESCADO CONGELADO PARA HACER CEBICHE O TIRADITO.

Cebiche is clearly one of the most popular dishes in Peruvian cuisine, almost a "national sport" with more than a million versions. There are many theories about the origin of the word "cebiche." One claims that commercial activities in Peruvian ports attracted many British sailors who would ask for "sea fish." Another maintains that it was derived from the terms "encibichado" or "encebollado," used for preparation methods using onions.

I am most convinced, however, by the argument that it is related to the Moorish influence in Peruvian food. Prominent historians agree that cebiche originated with the Moorish women who came to Peru with the Spanish. They prepared a dish called "sei-vech" based on fish or poultry marinated in lemon juice, thus giving rise to the word "Cebiche." Furthermore, "sibech" means tart in Arabic.

Ingredients
serves 6
- 2 ¼ lbs firm white fish fillets
- Salt and ground white pepper
- 1 teaspoon MSG
- 1 cup Pica lemon or lime juice
- 1 fresh green chili, minced
- Peruvian yellow hot sauce to taste (p.17)
- 1 large onion, sliced and rinsed well
- 1 clove garlic, crushed
- 1 teaspoon fresh ginger, grated or minced
- ¼ cup fish broth
- Chopped fresh cilantro to taste
- 3 ears corn, cut into 6 pieces each
- 3 sweet potatoes, boiled in their skins and peeled
- 1 rocoto chili pepper, sliced into rounds

Preparation ☺☺

1 Wash the fish well and cut into ¾-inch cubes. Season with salt, pepper, and MSG. Pour the lemon or lime juice over the fish. Add the chopped chili pepper, hot sauce, onion, garlic, and ginger. Correct the seasoning and reduce the acidity with the fish broth.

2 Sprinkle with chopped cilantro and accompany with corn, sweet potato, and rocoto pepper.

3 Don't allow the fish to marinate in the lemon or lime juice more than 5 minutes or the dish will lose texture and flavor.

SECRET
USE ONLY FRESH-SQEEZED LEMON JUICE AND VERY FRESH FISH. NEVER USE FROZEN FISH FOR CEBICHE OR TIRADITO.

Tiradito Mixto
Marinated Mixed Fish

Existen distintas teorías en torno al origen de este plato. Una dice que los pescadores del norte habrían tenido la costumbre de comer el pescado finamente fileteado y por eso idearon un cebiche con las "tiritas" que sobraban de esto. Otra teoría dice que los "tiraditos" muestran claramente la influencia japonesa en la cocina peruana moderna.

Esta receta es una variación del cebiche, con sutiles cambios tanto en el sabor como en su presentación.

Ingredientes
para 6 personas

– 250 gr de salmón fileteado
– 400 gr de corvina fileteada
– 1 pulpo de 1 kg
– ¾ taza de jugo de limón de Pica
– ½ taza de caldo de pescado frío
– 1 cucharadita de salsa de ají amarillo (p.13)
– 1 cucharada de cilantro picado fino
– 1 diente de ajo molido
– 3 ramas de apio picadas
– 1 chorro de aceite de oliva
– 1 cebolla grande picada en cuadritos
– 1 taza de granos choclo peruano cocido
– Sal y pimienta

Preparación 👨‍🍳👨‍🍳

1 Corte la corvina y el salmón en láminas finas y póngalas sobre un plato.
2 Cocine el pulpo aplicando el siguiente "secreto" para que quede blando: Limpie bien el pulpo en agua con sal y colóquelo en una olla cuyo fondo esté cubierto por tomates enteros. Tape y cocine a fuego lento, sin agua, durante unos 20 minutos. Pruebe su consistencia pinchándolo con un tenedor; si este queda libre con facilidad, el pulpo está listo.
3 Para mejorar la presentación del pulpo sáquelo tibio del cocimiento, envuélvalo en film plástico en forma de tubo y póngalo al freezer durante 30 minutos. El pulpo no debe congelarse, solo enfriarse para cortarlo fácilmente en finas láminas.
4 Ponga las láminas de pulpo en el plato junto con la corvina y el salmón.
5 Aparte, macere durante 15 minutos los demás ingredientes en el jugo de limón. Luego rocíe este caldo colado sobre el plato preparado.
6 Finalmente decore con el choclo peruano.

SECRETO
PARA MANTENER LA SENSACIÓN DE FRESCURA, SIRVA EN PLATOS PREVIAMENTE ENFRIADOS EN EL REFRIGERADOR.

There are different theories about the origin of this dish. One says the fishermen in northern Peru regularly ate finely filleted fish and that cebiche arose as a way of using the leftover strips or "tiritas." The "tiraditos" that are part of today's Peruvian cuisine have a very clear Japanese influence. This recipe is a variation of cebiche, with subtle changes in both flavor and presentation.

Ingredients
serves 6

– ¼ lb filleted salmon
– ½ lb filleted firm white fish
– 2 ¼ lbs octopus
– ¾ cup Pica lemon or lime juice
– ½ cup cold fish broth
– 1 teaspoon Peruvian yellow hot sauce (p.17)
– 1 tablespoon cilantro, minced
– 1 clove garlic, crushed
– 3 stalks of celery, chopped
– 1 dash of olive oil
– 1 large onion, diced
– 1 cup Peruvian corn kernels, cooked
– Salt and pepper

Preparation 👨‍🍳👨‍🍳

1 Slice fish finely and arrange on a plate.
2 Use the following "secret" to cook the octopus to ensure tender results: clean the octopus well with salted water. Line the bottom of a large pot with whole tomatoes and add the octopus. Cover and cook over low heat for about 20 minutes; do not add water. Test the consistency of the octopus by pricking it with a fork; it's ready when the fork is easily removed.
3 For a better presentation of the octopus, remove it from its cooking liquid while still warm, wrap it in plastic film, roll it into a tube, and place in the freezer for 30 minutes. Once it is firm, but not frozen, it can easily be sliced very finely.
4 Arrange the octopus slices on the plate with the other fish.
5 Mix the remaining ingredients in a separate bowl, let stand 15 minutes, and then sprinkle the mixture over the fish.
6 Garnish with Peruvian corn before serving.

SECRET
CHILL SERVING PLATES IN THE REFRIGERATOR BEFORE SERVING TO MAINTAIN THE FRESH, COOL SENSATION OF THE DISH.

Pulpo al Olivar
Octopus with Black Olive Sauce

Este es un plato creado en la costa central del Perú, donde abundan los añosos olivos traídos por los españoles, así como también el exquisito pulpo. La combinación de ambos es soberbia.

Ingredientes
para 6 personas
– 1 pulpo de 1 a 1 ½ kg

PARA LA SALSA
– 1 huevo
– 1 taza de aceite de oliva
– Jugo de 2 limones de Pica
– 1 ½ taza de aceitunas negras amargas
– Crema de leche

Preparación
1 Cocine el pulpo aplicando el siguiente "secreto" para que quede blando: Límpielo bien en agua con sal y colóquelo en una olla cuyo fondo esté cubierto por tomates. Tape y cocine a fuego lento, sin agua, durante unos 20 minutos. Pruebe su consistencia pinchándolo con un tenedor; si este queda libre con facilidad, el pulpo está listo.
2 Para mejorar la presentación del pulpo sáquelo tibio del cocimiento, envuélvalo en film plástico en forma de tubo y póngalo al freezer durante 30 minutos. El pulpo no debe congelarse, solo enfriarse para cortarlo fácilmente en finas láminas.

LA SALSA
1 Para preparar la salsa coloque en una licuadora todos los ingredientes y procese hasta lograr una mezcla homogénea y suave.
2 Ajuste la sazón cuidando la cantidad de sal, ya que las aceitunas son saladas. Puede ajustar la textura con un poco de crema de leche.
3 Sirva el pulpo en platos individuales bañados por la salsa de aceitunas.

SECRETO
ESCOJA PULPOS QUE TENGAN LA PIEL OSCURA, PUES SON MÁS BLANDOS QUE LOS GRISÁCEOS. EL PULPO DEL MAR MEDITERRÁNEO ES USUALMENTE MÁS TIERNO QUE EL DEL PACÍFICO.

This dish was created along Peru's central coast, where many ancient olive trees brought by the Spaniards still bear fruit and octopus is both delicious and abundant. In my opinion, octopus with black olive sauce is sensational!

Ingredients
serves 6
– 1 octopus (2-3 lbs)

FOR THE SAUCE
– 1 egg
– 1 cup olive oil
– Juice of 2 Pica lemons or 1 lime
– 1 ½ cup black olives
– Cream

Preparation
1 Use the following "secret" to cook the octopus to ensure tender results: clean the octopus well with salted water. Line the bottom of a large pot with whole tomatoes and add the octopus. Cover and cook over low heat for about 20 minutes; do not add water. Test its consistency by pricking it with a fork; if the fork is easily removed, the octopus is ready.
2 For a better presentation of the octopus, remove it from its cooking liquid while still warm, wrap it in plastic film, roll it into a tube, and place in the freezer for 30 minutes. Once it is firm, but not frozen, it can easily be cut into fine slices.

THE SAUCE
1 Place all of the sauce ingredients in a blender and process until the mixture is soft and homogenous.
2 Adjust the seasonings, taking care not to add too much salt as the olives are already salty. The texture may be adjusted with a little cream.
3 Arrange the octopus on individual serving plates and drizzle with olive sauce.

SECRET
DARK-SKINNED OCTOPUS IS MORE TENDER THAN THE GRAY-SKINNED VARIETY. MEDITERRANEAN OCTOPUS IS USUALLY MORE TENDER THAN ITS PACIFIC COUSIN.

Conchitas a la Parmesana
Scallops Parmesan

Este plato es considerado hoy un clásico de la comida peruana, aun cuando su origen es incierto. El nombre "conchitas" se le adjudica a una variedad de ostión que habita en la costa sur del Perú. Se puede reemplazar sin problemas por el ostión de cultivo.

Ingredientes
para 6 personas
– 48 ostiones con caparazón
– 2 tazas de queso parmesano rallado
– 48 cucharaditas de mantequilla
– ½ taza de vino blanco seco
– Salsa inglesa
– Sal y pimienta
– Limones de Pica para acompañar

Preparación

1 Lave los ostiones retirando la tripa negra que los rodea. Es opcional que deje o no el coral que, a mi juicio, es la parte más sabrosa del ostión. El ostión oriundo del Atlántico Sur en la Patagonia, conocido como vieira, es igual de sabroso, pero no desarrolla el coral. Es de gran importancia saber que la frescura del ostión se mide de acuerdo al grado de adhesión que tenga el callo con el caparazón, para que al comprarlos elija los que estén más adheridos.
2 Sazone con sal y pimienta, teniendo cuidado con la sal, porque el queso parmesano es un muy salado.
3 Cubra cada ostión con una cucharadita de queso parmesano y una de mantequilla. Agregue a cada uno gotas de vino y de salsa inglesa. Lleve al gratinador o al horno muy caliente por unos 3 minutos, o hasta que el queso haya tomado un color dorado y los ostiones se encuentren a punto.
4 Sirva acompañado con limones de Pica partidos en dos, para echarle unas gotas a los ostiones justo antes de comerlos.
5 Las "conchitas" de ostiones a la parmesana se pueden servir de entrada o simplemente como un aperitivo.

S E C R E T O
PARA LOGRAR DORAR EL QUESO SIN
SOBRECOCINAR EL OSTIÓN DEBE USAR EL HORNO
PRECALENTADO A LA MÁXIMA TEMPERATURA.

This dish is now considered a classic of Peruvian cuisine, although its origin is uncertain. The name "Conchitas" comes from a variety of scallop found along the southern coast of Peru, although other types of scallops may be used.

Ingredients
Serves 6
– 48 scallops with their shells
– 2 cups grated parmesan cheese
– 1 cup butter
– ½ cup dry white wine
– Worchestershire sauce
– Salt and pepper
– Pica lemons or small limes to serve

Preparation

1 Open the scallops and wash well. Remove the black intestine. The red roe sack may be left on or removed, but I think this is the best part of the scallop. (The southern Atlantic scallop from Patagonia is very flavorful, but does not have the roe). When using fresh scallops, it is essential to understand that the tighter it is closed, the fresher it is, so only buy them when tightly closed.
2 Lightly season with salt and pepper (remember that the parmesan cheese is quite salty, so be careful not to oversalt).
3 Top each scallop with a teaspoon of parmesan cheese and another of butter. Add a couple drops of white wine and Worcestershire sauce to each. Place under a grill or in a very hot oven for about 3 minutes or until the cheese is golden and the scallops are just done.
4 Serve with wedges of Pica lemon or lime, and squeeze their juice over the scallops just before eating.
5 Scallops Parmesan make an excellent appetizer or first course.

S E C R E T
PRE-HEAT THE OVEN TO THE HIGHEST
TEMPERATURE IN ORDER TO BROWN THE CHEESE
WITHOUT OVERCOOKING THE SCALLOPS.

Causa Limeña
Potato "Roll"

La palabra "Causa" proviene del quechua "kausah", que significa "amasar". Tanto la forma de la causa, enrollada o como torta, como el relleno, pueden variar a gusto. Pruebe cambiando el relleno por pollo, cebiche, atún, camarones, centolla, etc.

The word "Causa" (pronounced "COW-suh") comes from the Quechua word "kausah," which means "to knead." This recipe is very flexible; it can be rolled like a jelly-roll or layered like a cake. Also try it filled with chicken, cebiche, tuna, shrimp, or crab, etc.

Ingredientes
para 6 personas

PARA LA CAUSA
- 1 ½ kg de papas sancochadas (cocidas con cáscara)
- ½ taza de aceite
- 1 cucharada de cúrcuma en polvo
- Salsa de ají amarillo a gusto (p.13)
- Jugo de limón de Pica a gusto
- Sal y pimienta

PARA EL RELLENO
- 1 taza de mayonesa
- 450 gr de camarones
- 6 aceitunas amargas
- ⅓ taza de cebolla picada
- 1 huevo duro picado
- Perejil picado fino
- 1 palta grande cortada en rebanadas

Ingredients
serves 6

FOR THE CAUSA
- 3 lbs potatoes, boiled in their skins and peeled
- ½ cup oil
- 1 tablespoon turmeric
- Peruvian yellow hot sauce to taste (p.17)
- Pica lemon or lime juice to taste
- Salt and pepper

FOR THE FILLING
- 1 cup mayonnaise
- 1 lb shrimp or crayfish
- 6 black olives
- ⅓ cup onion, chopped
- 1 hard-boiled egg, chopped
- Parsley, finely chopped
- 1 large avocado, sliced

Preparación 😁😁

LA CAUSA

1 Pele las papas recién cocidas y páselas por el prensapapas mientras aún estén calientes. Mezcle el aceite con la cúrcuma para que esta tiña el puré, otorgando a la causa el color amarillo que tiene originalmente por la "papa amarilla" peruana.
2 Agregue el resto de los ingredientes y mezcle hasta lograr una masa suave y homogénea.

EL RELLENO Y EL ARMADO

1 Para armar la causa como un rollo o "brazo de reina" extienda la masa sobre un trozo de alusa foil, cúbrala por capas con los ingredientes del relleno y luego enróllela sobre sí misma. Déjela ½ hora en el refrigerador antes de retirar el alusa foil. Luego corte el rollo en trozos para servir en cada plato.
2 También puede armar la causa como "torta". Para ello debe dividir la masa en tres porciones. Con la primera, forre el fondo de un molde desmontable aceitado con anterioridad. Encima esparza la mitad de la mayonesa, mezclada con los camarones y las aceitunas. Agregue otra capa de causa, luego el resto de la mayonesa mezclada con la cebolla, el huevo y el perejil. Cubra con las rebanadas de palta y luego con la tercera porción de causa.
3 Deje reposar por 1 hora, luego desmolde y decore a gusto.

SECRETO
PARA QUE LA MASA QUEDE SUAVE AMÁSELA USANDO LAS MANOS Y NO LA BATIDORA, PUES ESTA DEJA LA MASA LATIGUDA.

Preparation 😁😁

THE CAUSA

1 Peel the potatoes while still hot and quickly press them through a potato ricer. Mix the oil and turmeric together and blend it into the mashed potatoes, which will turn yellow, giving the causa the color that originally came from the Peruvian "yellow potato."
2 Add the remaining causa ingredients and mix until the dough is soft and well-blended.

THE FILLING

1 To prepare the causa, spread the dough out over aluminum foil, add successive layers of the individual filling ingredients, and roll up jelly-roll style. Chill the roll in the refrigerator for at least half an hour before removing the foil. Slice for individual servings.
2 The causa can also be prepared as a "cake" by dividing the dough into three portions. Grease a springform pan and spread one-third over the bottom and sides. Spread half the mayonnaise mixed with the shrimp and olives. Add a second layer of the potato mixture and then the rest of the mayonnaise mixed with the onion, egg, and parsley. Cover with avocado slices and top with the remaining potato mixture.
3 Let rest for an hour, unmold, and garnish as desired.

SECRET
USE YOUR HANDS TO ENSURE A SOFT, PLIANT DOUGH. A BEATER WILL MAKE IT GLUEY.

Cebiche a la Piedra
Warm Cebiche

Este tipo de cebiche es un plato que se popularizó en la costa central y sur del Perú donde se encuentran los valles camaroneros por excelencia, como Camaná y Omate. El término "a la piedra" se aplica a los cebiches calientes, como este de camarones.

Es más sabroso prepararlo con camarones de agua dulce pero, si no los consigue, puede reemplazarlos por langostinos.

Ingredientes
para 6 personas

- 600 gr de camarones medianos limpios
- 2 cebollas cortadas en cubos grandes
- 1 taza de vino tinto
- 2 ajíes verdes picados finos
- ¼ paquete de cilantro picado fino
- 1 cucharada de jengibre fresco molido
- 1 cucharada de Ají No Moto
- 1 cucharada de salsa de ají amarillo (p.13)
- ¾ taza de jugo de limón de Pica
- ½ taza de caldo de pescado
- ¼ taza de vinagre blanco de vino
- Sal a gusto
- 1 taza de granos de choclo peruano cocido
- 1 diente de ajo picado fino

Preparación 😊😊

1. Ponga a hervir el vino tinto y agreguéguele las cebollas. Cocine revolviendo a fuego fuerte por 5 minutos, para escabecharlas y darles color. Deje entibiar.
2. En un bol ponga los camarones ya limpios junto con la cebolla escabechada y el resto de los ingredientes. Deje reposar por 5 minutos y lleve a una sartén bien caliente.
3. Saltee por 3 minutos y sirva.

SECRETO
NO SOBRECOCINE LOS CAMARONES, BASTARÁ SALTEARLOS DURANTE 3 MINUTOS PARA SU ÓPTIMA COCCIÓN.

This type of cebiche became popular along the central and southern coasts of Peru in valleys known for their excellent crayfish, such as Camaná and Omate. The expression "a la piedra" is used to refer to warm cebiches, such as this one made of shrimp.

This dish is more flavorful prepared with crayfish, but if they are not available, use jumbo shrimp.

Ingredients
serves 6

- 1 ⅓ lbs jumbo shrimp or crayfish, shelled and deveined
- 2 onions, in large dice
- 1 cup red wine
- 2 green chilies, finely chopped
- ¼ bunch cilantro, finely chopped
- 1 tablespoon fresh ginger, grated
- 1 tablespoon MSG
- 1 tablespoon Peruvian yellow hot sauce (p.17)
- ¾ cup Pica lemon or lime juice
- ½ cup fish broth
- ¼ cup white vinegar
- Salt to taste
- 1 cup Peruvian corn kernels, cooked
- 1 clove garlic, minced

Preparation 😊😊

1. Bring wine to a boil and add onions. Cook and stir over high heat for 5 minutes so that the onions take on the color and flavor of the wine. Allow to cool.
2. Place the cleaned shrimp in a bowl. Add the onion and remaining ingredients. Marinate 5 minutes, and add to a very hot skillet.
3. Sauté for 3 minutes and serve.

SECRET
DO NOT OVERCOOK THE SHRIMP. SAUTÉING FOR 3 MINUTES IS SUFFICIENT.

Papas a la Huancaína
Huancayo-style Potatoes

Cuenta la leyenda que lo primero que enseñó el dios "Viracocha" a "Manco Cápac" y "Mama Ocllo" fue el cultivo de la papa, que junto a otros tubérculos, como la "oca" y el "olluco", fueron sin duda la base para el desarrollo de la agricultura Inca en los escalones más fríos de los Andes. Huancayo, la capital de la sierra central peruana, le da nombre a esta receta que se ha convertido en un verdadero clásico de la comida criolla peruana. La exquisita "papa amarilla" se cubre con la salsa huancaína para dar vida a este plato.

Legend says that the first lesson the Incan god Virachocha taught Manco Capac and Mama Ocllo was how to grow potatoes. Tubers such as potatoes, "oca," and "olluco" were the foundation of Incan agriculture in the coldest heights of the Andes Mountains.
Named after Huancayo, the capital of Peru's central highlands, this dish has become a true classic of Peruvian home cooking. It really comes to life when the delicious "yellow potato" is topped with the flavorful Huancaína sauce.

Ingredientes
para 6 personas

PARA LA SALSA HUANCAÍNA
- 6 ajíes amarillos
- 4 yemas duras
- ¼ kg de queso fresco o de cabra
- Jugo de 3 limones de Pica
- ½ taza de aceite vegetal
- Sal y pimienta
- 1 lata de leche evaporada (opcional)
- Galletas de soda (opcional)

PARA LAS PAPAS
- 1 kg de papas cocidas, peladas y cortadas en rodajas

PARA SERVIR
- Hojas de lechuga
- 4 huevos duros cortados en gajos
- Perejil picado fino
- Aceitunas negras

Ingredients
serves 6

FOR THE HUANCAÍNA SAUCE
- 6 yellow chili peppers, seeded
- 4 hard-boiled egg yolks
- 8 oz cottage or soft goat cheese
- Juice of 3 Pica lemons or 1 ½ limes
- ½ cup vegetable oil
- Salt and pepper
- 1 can evaporated milk (optional)
- Soda crackers (optional)

FOR THE POTATOES
- 2 ¼ lbs potatoes, cooked in their skins, peeled, and sliced into rounds

TO SERVE
- Lettuce leaves
- 4 hard-boiled eggs, quartered
- Finely chopped parsley
- Black olives

Preparación

1 Para preparar la salsa quite las pepas a los ajíes y deles 2 hervores de 10 minutos cada uno, cambiando el agua y agregando una cucharadita de azúcar cada vez, para bajar el picante.
2 Luego licúe los ajíes con las yemas, el queso fresco, el jugo de limón y el aceite, hasta obtener una pasta homogénea. Sazone con sal y pimienta a gusto.
3 Ajuste la consistencia con leche evaporada para licuar o galletas de soda molidas para hacerla más firme.
4 Acomode en un plato los trozos de papa cocida y cubra con la salsa huancaína. Decore con huevos duros, perejil, aceitunas negras y hojas de lechuga.

SECRETO
ESCOJA PAPAS NUEVAS Y DURAS PARA QUE MANTENGAN SU CONSISTENCIA UNA VEZ QUE SEAN CORTADAS EN RODAJAS.

Preparation

1 To prepare the sauce, reduce the spiciness of the chilies by boiling them in abundant water with a teaspoon of sugar for 10 minutes. Drain and repeat with fresh water and sugar for another 10 minutes.
2 Place the chilies, egg yolks, cheese, lemon juice, and oil in a blender and process until smooth and well-blended. Season with salt and pepper to taste.
3 Adjust the consistency by adding evaporated milk to thin or ground soda crackers to thicken.
4 Arrange the cooked potatoes on a plate and cover with the Huancaína sauce. Garnish with hard-boiled eggs, black olives, and lettuce leaves.

SECRET
CHOOSE FIRM, NEW POTATOES. THEY WILL MAINTAIN THEIR CONSISTENCY WHEN SLICED.

PESCADOS Y MARISCOS
FISH AND SHELLFISH

Picante de Camarones
Spicy Shrimp Stew

Esta preparación es un plato de lujo y se puede encontrar por casi toda la costa del Perú, pero especialmente en el sur. Estos "picantes peruanos" no son necesariamente picantes de sabor. Es mejor rescatar el sabor y no el "picor" de los "picantes".

This preparation is a luxurious dish found all along the coast of Peru, especially in the south. Peruvian "picantes" are not necessarily spicy; the key is in the flavor and not the "heat."

Ingredientes
para 6 personas

- 150 gr de mantequilla
- 1 cebolla grande picada en cuadritos
- 1 diente de ajo machacado
- ¼ taza de nueces picadas
- 1 cucharada de ají de color en polvo
- ¼ taza de salsa de ají amarillo (p.13)
- 2 tomates pelados, sin pepas, cortados en cuadritos
- ¾ taza de harina sin polvos de hornear
- ¼ taza de vino blanco
- 1 taza de caldo de camarones
- 1 kg de langostinos medianos (o camarones de río grandes, pelados y crudos, reservando el coral)
- ¼ kg de queso mantecoso trozado
- 1 taza de crema de leche
- 3 huevos duros cortados en gajos
- Aceitunas negras
- Sal y pimienta

Ingredients
serves 6

- ⅓ cup butter
- 1 large onion, chopped
- 1 clove garlic, crushed
- ¼ cup chopped walnuts
- 1 tablespoon paprika
- ¼ cup Peruvian yellow hot sauce (p.17)
- 2 tomatoes, peeled, seeded, and diced
- ¾ cup all-purpose flour
- ¼ cup white wine
- 1 cup shrimp broth
- 2 ¼ lbs medium-sized jumbo shrimp or crayfish with their row
- ½ lb Swiss or Gouda cheese, chopped
- 1 cup cream
- 3 hard boiled eggs, quartered
- Black olives
- Salt and pepper

Preparación 👨‍🍳 👨‍🍳

1 En una olla caliente la mantequilla e incorpore la cebolla, el ajo y las nueces. Cocine hasta que la cebolla esté transparente, agregue el ají de color y la salsa de ají amarillo, el tomate y el coral del camarón, si lo tuviera.
2 Cocine unos 5 minutos a fuego medio, agregue la harina y cocine por unos 3 minutos hasta que "se casen" los ingredientes. Agregue el vino blanco y el caldo de camarones hasta que logre la consistencia deseada. Ajuste la sazón.
3 Cuando esté todo listo agregue los camarones y cocine durante 3 minutos, luego agregue el queso y la crema de leche. Hay que tener cuidado de no recocinar porque los camarones se secan y se ponen duros.
4 Sirva acompañado con arroz blanco y decore con el huevo duro y las aceitunas negras.

SECRETO
EL CORAL DEL CAMARÓN DE RÍO ES UN APORTE FUNDAMENTAL AL SABOR EN ESTA RECETA. PREFIERA ENTONCES LOS CAMARONES QUE LO TIENEN.

Preparation 👨‍🍳 👨‍🍳

1 Melt the butter in a pot and add the onion, garlic, and walnuts. Sauté until the onion is translucent; add the paprika, hot sauce, and tomato. Add the crayfish roe if desired.
2 Cook gently for 5 minutes until the tomato softens; add the flour and cook for another 3 minutes until the ingredients blend.
3 Add white wine and shrimp broth until the mixture reaches the desired consistency. Adjust seasoning. Add the shrimp and cook for 3 minutes. Add the cheese and cream. Be careful not to overcook the shrimp or they will dry out and become tough.
4 Serve with white rice and garnish with hard boiled egg and black olives.

SECRET
THE CRAYFISH ROE IS A MAJOR FLAVOR COMPONENT OF THE TRADITIONAL PREPARATION OF THIS RECIPE. TRY TO FIND CRAYFISH WITH ROE WHENEVER POSSIBLE.

Chupe de Camarones
Crayfish Chowder

En el Perú se le llama "chupe" a cierto tipo de sopas contundentes y, por lo general, se sirven solos o como plato de fondo. Son muy populares, especialmente en Arequipa, donde cada día de la semana tiene un chupe asignado: el de camarones para los días sábados, el de lomo los martes, el de olluquito los miércoles y así sucesivamente. Estos se consumen mucho en las "Picanterías Arequipeñas" (una "picantería" es un restorán típico) frecuentadas sobre todo por los agricultores después de sus faenas.

Ingredientes
para 6 personas

– 2 kg de camarones de río, crudos
– ⅓ taza de aceite vegetal
– 1 cebolla picada en cuadritos
– 3 dientes de ajo molidos
– 1 cucharadita de ají de color en polvo
– 2 cucharadas de concentrado de tomate
– 4 tomates pelados, sin semillas y cortados en cuadritos
– ¼ taza de salsa de ají amarillo (p.13)
– Orégano a gusto
– 8 tazas de caldo de camarones
– ¼ taza de arroz
– 150 gr de queso fresco desmenuzado
– ½ taza de habas cocidas y peladas
– 2 choclos peruanos cocidos cortados en 3 c/u
– 6 papas nuevas
– ½ taza de leche evaporada
– 6 huevos
– ½ atado de cilantro picado
– Sal y pimienta

Preparación

1. Lave bien los camarones, pélelos y resérvelos separados del coral.
2. En una cacerola caliente el aceite y fría la cebolla, los ajos, el coral diluido en agua y colado, el ají de color, el concentrado de tomate, el tomate fresco, la salsa de ají amarillo y el orégano.
3. Añada el caldo de camarón y cuando rompa el hervor agregue el arroz, el queso, las habas, el choclo y las papas. Cocine por 30 minutos. Incorpore los camarones y deje hervir por 3 minutos más.
4. Ya listo para servir, ponga un chorro de leche evaporada en cada plato, sirva la sopa encima y quiébrele un huevo, que quedará escalfado con la alta temperatura de la sopa. Espolvoree con el cilantro picado.
5. Queda muy elegante si decora con un camarón grande y entero colocado encima de la sopa.

SECRETO
EN VEZ DE USAR QUESO FRESCO PRUEBE PREPARANDO EL CHUPE CON QUESO DE CABRA, ¡QUEDA MUY BUENO!

Peruvian "chupes" are hearty soups that are usually served alone or as a main course. They are very popular, especially in Arequipa, where each day of the week has its designated chupe: shrimp on Saturday, beef on Tuesday, potato on Wednesday, and so on. These are often consumed in Arequipa's "Picanterías," or typical restaurants, which are favorites with farmers after a long hard day in the field.

Ingredients
serves 6

– 4 ½ lbs crayfish with roe or jumbo shrimp, raw
– ⅓ cup vegetable oil
– 1 onion, diced
– 3 cloves garlic, crushed
– 1 teaspoon paprika
– 2 tablespoons tomato paste
– 4 tomatoes, peeled, seeded and diced
– ¼ cup Peruvian yellow hot sauce (p.17)
– Oregano to taste
– 8 cups shrimp broth
– ¼ cup rice
– 5 oz cottage cheese
– ½ cup cooked, peeled lima beans
– 2 ears corn, cooked and cut into 3 pieces each
– 6 new potatoes
– ½ cup evaporated milk
– 6 eggs
– ½ bunch cilantro, chopped
– Salt and pepper

Preparation

1. Wash the shrimp well and peel. If using crayfish, remove the roe, dilute it in water, and set aside.
2. Heat the oil in a pot and sauté the onion, garlic, paprika, tomato paste, fresh tomatoes, hot sauce, and oregano. (Drain the roe and add to the pot).
3. Add the shrimp broth. When it comes to a boil, add the rice, cottage cheese, lima beans, corn, and potatoes. Cook for 30 minutes. Add the shrimp and boil another 3 minutes.
4. Just before serving, pour some evaporated milk into each bowl, add the soup, and top with an egg, which will poach with the high heat of the dish. Sprinkle with cilantro and serve hot.
5. Garnish with a large whole shrimp or crayfish.

SECRET
INSTEAD OF USING COTTAGE CHEESE, TRY PREPARING THIS CHOWDER WITH GOAT CHEESE FOR A TRULY DELICIOUS ALTERNATIVE.

Corvina Chorrillana
Chorrillos-style Sea Bass

La bahía de Chorrillos, con su pintoresco muelle de pescadores, se ubica en la costa central del Perú, en el distrito de Miraflores. Es aquí donde nace este plato, que sin duda muestra la influencia europea en su estructura, especialmente la italiana.

The Chorrillos Bay, with its picturesque fisherman's wharf, is located along Peru's central coast in the Miraflores district. This dish began here, and its structure clearly shows its European –particularly Italian– heritage.

Ingredientes
para 6 personas
- 1 kg de corvina fileteada
- Harina sin polvos de hornear, sazonada con sal y pimienta
- ½ taza de aceite vegetal
- 2 cebollas grandes cortadas en tiras gruesas
- 2 dientes de ajo machacados
- 3 tomates con cáscara y pepas, cortados en 6 a lo largo
- ½ cucharadita de orégano
- ¼ taza de salsa de ají amarillo (p.13)
- 1 ají verde cortado en tiritas finas
- Ají de color en polvo
- Caldo de pescado
- Jugo de limón de Pica
- Perejil picado fino
- Sal y pimienta

Ingredients
serves 6
- 2 ¼ lbs sea bass fillets
- Salt and pepper
- All-purpose flour, seasoned with salt and pepper
- ½ cup vegetable oil
- 2 large onions, thickly sliced
- 2 cloves garlic, crushed
- 3 tomatoes, unpeeled, cut lengthwise into 6 wedges each
- ½ teaspoon oregano
- ¼ cup Peruvian yellow hot sauce (p.17)
- 1 green chili pepper, in fine julienne
- Paprika to taste
- Fish broth
- Pica lemon or lime juice
- Parsley, finely chopped

Preparación 👨‍🍳👨‍🍳
1 Sazone los trozos de pescado, enharínelos, fríalos en aceite caliente hasta que se doren y reserve.
2 Fría la cebolla hasta que esté ligeramente dorada y agregue el ajo, los tomates, el orégano, la salsa de ají amarillo, el ají verde y el ají de color. Cocine por unos 7 minutos, reservando el caldo de pescado para ajustar la consistencia.
3 Acomode sobre esta mezcla los trozos de pescado fritos y cocine por unos 5 minutos a fuego lento con la olla tapada.
4 Sirva con arroz blanco y el jugo de limón para rociar los ingredientes al momento de comer. Decore con el perejil picado.

Preparation 👨‍🍳👨‍🍳
1 Season the fish pieces and dust them with flour. Fry the fish in hot oil until golden, remove from heat and set aside.
2 Fry the onion until lightly browned and add the remaining ingredients except the fish broth and lemon juice. Cook for 7 minutes, adjusting the consistency as necessary with the fish broth.
3 Place the fried fish on top of the mixture, cover and continue cooking for another 5 minutes over low heat.
4 Serve with boiled potatoes or white rice. Sprinkle with lemon or lime juice, and garnish with chopped parsley.

SECRETO
USE CALDO DE PESCADO EN VEZ DE AGUA PARA AJUSTAR LA CONSISTENCIA, PUES AGREGA INTENSIDAD AL SABOR.

SECRET
FOR BETTER FLAVOR, USE FISH BROTH INSTEAD OF WATER TO ADJUST THE CONSISTENCY.

Corvina Sudada
Braised Sea Bass

Los pescados se reconocen como "sudados" cuando se utilizan en recetas que son características de la zona costera. "Sudar" significa cocinar con los jugos que se desprenden tanto del pescado que emplee como de los mariscos con que lo acompañe, logrando así un jugo rico en aromas, sólida consistencia y sabor muy marinero.

Ingredientes
para 6 personas
- 6 filetes de corvina de 150 gr c/u
- 1 taza de harina sin polvos, sazonada con sal y pimienta
- ¼ de taza de aceite vegetal
- Sal y pimienta

PARA LA SALSA
- 1 cebolla picada en cuadritos
- 2 dientes de ajo pelados
- 1 cucharada de concentrado de tomate
- 2 tomates pelados, sin semillas y cortados en cuadritos
- 1 cucharada de ají de color en polvo
- 1 cucharadita de salsa de ají amarillo (p.13)
- ¼ taza de vino blanco
- ½ taza de caldo de pescado
- 1 kg de mariscos surtidos
- 1 cucharadita de vinagre
- 2 cucharadas de maicena
- 1 cucharada de perejil picado fino
- 1 atado de cebollines picados fino
- ¼ taza de arvejas cocidas

Preparación 🧑‍🍳🧑‍🍳🧑‍🍳
1 Sazone los filetes de corvina, enharínelos, fríalos en aceite caliente hasta dorar y reserve.
2 En una cacerola fría la cebolla sin que llegue a dorarse, agregue los ajos, el concentrado de tomates, los tomates frescos, el ají de color y la salsa de ají amarillo. Una vez que se unan bien, agregue el vino blanco y un poco de caldo de pescado. Cocine por unos minutos y agregue los filetes de pescado frito.
3 Una vez que suelten jugo, agregue los mariscos y una cucharadita de vinagre, ajuste la consistencia con maicena disuelta en un poco de caldo de pescado. Finalmente incorpore el perejil, los cebollines y las arvejitas.
4 Para servir, acomode los filetes de corvina en una fuente y agregue la salsa de mariscos encima. Puede acompañar este plato con arroz graneado o papas cocidas.

SECRETO
PARA AGREGAR COLORIDO AL PLATO DEJE
ALGUNOS MARISCOS EN SU CONCHA.

Fish dishes known as "sudados" are typical along the Peruvian coast. "Sudar" means to braise in the juice released from the fish and shellfish, which makes a deliciously aromatic and flavorful broth.

Ingredients
serves 6
- 6 sea bass fillets, 5 oz each
- Salt and pepper
- 1 cup all-purpose flour seasoned with salt and pepper
- ¼ cup vegetable oil

FOR THE SAUCE
- 1 onion, chopped
- 2 cloves garlic, peeled
- 1 tablespoon tomato paste
- 2 tomatoes, peeled, seeded, and diced
- 1 tablespoon paprika
- 1 teaspoon Peruvian yellow hot sauce (p.17)
- ¼ cup white wine
- ½ cup fish broth
- 2 ¼ lbs assorted shellfish
- 1 teaspoon vinegar
- 2 tablespoons cornstarch
- 1 tablespoon parsley, finely chopped
- 1 bunch green onions, finely chopped
- ¼ cup cooked peas

Preparation 🧑‍🍳🧑‍🍳🧑‍🍳
1 Season the fish and dust with flour. Fry in hot oil until golden and set aside.
2 Sauté the onion in a large saucepan, taking care not to let it brown. Add the garlic, tomato paste, fresh tomatoes, paprika, and hot sauce. Once the mixture is well-blended, add the white wine and a bit of fish broth. Simmer for a few minutes and add the fried fish fillets.
3 When the fish releases its juices, add the shellfish and a teaspoon of vinegar. Adjust the consistency with cornstarch dissolved in a little fish broth. Finally, add the parsley, green onions, and peas.
4 To serve, arrange the fish fillets in a serving dish and top with the sauce. Serve with rice or boiled potatoes.

SECRET
LEAVE SOME OF THE SHELLFISH IN THEIR
SHELLS TO ADD COLOR AND INTEREST TO
THE DISH.

Arroz con Mariscos
Shellfish and Rice

La costa peruana, con cerca de 3.000 km de extensión, tiene dos particularidades. La primera es que hacia el norte convergen dos corrientes, una cálida y otra fría. La segunda es la presencia del Zócalo Continental que tiene como consecuencia la presencia de aguas menos profundas, unos 1.000 km mar adentro. Estas condiciones dan origen a calidades y variedades de mariscos insospechadas (se calculan alrededor de 400 especies), que en este plato se lucen de maravilla.

Ingredientes
para 6 personas

– ½ kg de arroz
– ¼ taza de aceite vegetal
– 1 cebolla picada en cuadritos
– 2 dientes de ajo machacados
– 2 cucharadas de concentrado de tomate
– 2 tomates pelados, sin pepas y cortados en cuadritos
– 1 cucharadita de orégano
– 1 cucharada de ají de color
– ¼ taza de vino blanco
– ½ taza de caldo de pescado
– 800 gr de mixtura de mariscos crudos: ostiones, machas, camarones, calamares, etc.
– ¼ taza de salsa de ají amarillo (p.13)
– Pimiento morrón rojo asado
– 1 atado de cebollines picado
– Sal y pimienta
– Limones de Pica, partidos en 2

Preparación

1 Cocine el arroz en su forma habitual, cuidando que quede bien graneado.
2 En una sartén caliente el aceite y sofría la cebolla y el ajo, hasta que estén a punto, sin tomar color.
3 Agregue el tomate, el concentrado de tomate, el orégano, el ají de color y el vino. Cocine por unos minutos y agregue el caldo de pescado, los mariscos y el arroz cocido.
4 Mezcle bien todos los ingredientes y sirva acompañado de limones de Pica partidos en dos, para que cada comensal le agregue a gusto.
5 Para decorar use pimientos morrones asados y un poco de cilantro o cebollines picados.

SECRETO
PARA AGREGAR SABOR AL PLATO PUEDE
PREPARAR EL ARROZ CON UN POCO DE AJO.

The 1,800-mile Peruvian coast has two unique features. The first is that its two currents, one hot and one cold, converge in the north. The second is the continental shelf that results in shallow waters some 600 miles offshore. These conditions give rise to as many as 400 different species of shellfish, and this dish displays them brilliantly.

Ingredients
serves 6

– 1 lb cooked rice
– ¼ cup vegetable oil
– 1 onion, diced
– 2 cloves garlic, crushed
– 2 tablespoons tomato paste
– 2 tomatoes, peeled, seeded, and diced
– 1 teaspoon oregano
– 1 tablespoon paprika
– ¼ cup white wine
– ½ cup fish broth
– 1 ¾ lbs mixed raw shellfish (scallops, clams, shrimp, squid, etc.)
– ¼ cup Peruvian yellow hot sauce (p.17)
– Roasted red pepper, seeded and peeled
– 1 bunch green onions, chopped
– Salt and pepper
– Pica lemons or limes, halved

Preparation

1 Cook the rice as usual, ensuring that the grains remain well-separated.
2 Heat oil in a frying pan and sauté the onion and garlic until translucent. Do not brown.
3 Add the tomato, tomato paste, oregano, paprika, and wine, and continue to cook a few minutes longer. Add the fish broth, shellfish, and cooked rice.
4 Mix the ingredients well and serve with Pica lemons or limes.
5 Garnish with roasted red peppers and a little bit of chopped cilantro or green onions.

SECRET
ADD MORE FLAVOR TO THE DISH BY COOKING
THE RICE WITH A LITTLE GARLIC.

Cau-Cau de Mariscos
Shellfish Cau-Cau Stew

Este plato, originario de la época de los Incas, es un ejemplo de la infinidad de formas que tenían de cocinar las papas. La variedad empleada en este plato no se debía solamente a lograr la diversidad de sabores, obtenidos al probar distintos tipos, sino también a la necesidad de conservarlas. Se sabe que los Incas tenían papas todo el año, utilizando distintas técnicas de conservación como el secado y el almacenamiento en silos, con la ayuda de la "muña", una hierba altiplánica que evita que las papas broten, logrando que se mantengan por largos períodos sin descomponerse.

Ingredientes
para 6 personas

- 1 cebolla cortada en cuadritos
- ½ taza de aceite vegetal
- 1 diente de ajo picado
- 2 cucharadas de ají de color
- 1 cucharada de cúrcuma
- 200 gr de pulpo cocido y trozado
- 100 gr de camarones limpios
- 2 tazas de caldo de pescado
- 1 taza de arvejas
- ½ taza de zanahoria cortada en cuadritos
- 3 papas grandes cocidas, peladas y cortadas en cubos
- 2 ramas de menta picada fina
- 200 gr de ostiones crudos y limpios
- 200 gr de machas crudas y limpias
- 1 cucharada de maicena
- Sal y pimienta

Preparación

1 En una olla sofría la cebolla con el aceite, el ajo, el ají y la cúrcuma. Cocine hasta que la mezcla tome punto, entre 6 y 8 minutos.
2 Agregue el pulpo y los camarones; luego agregue rápidamente el caldo de pescado, las arvejas, la zanahoria y las papas. Cocine por unos minutos y agregue la menta, los ostiones y las machas. Sazone y ajuste la consistencia con la maicena disuelta en un poco del caldo de cocción.
3 El Cau-Cau puede servirse acompañado de una buena porción de arroz blanco.

SECRETO
LA MENTA O HIERBABUENA ES INFALTABLE
EN ESTA PREPARACIÓN. SEA GENEROSO
EN SU APLICACIÓN.

This dish was handed down from Incan times and is yet another example of the infinite number of ways they prepared potatoes. The variety is due not only to their desire to try different flavors, but also to their need to conserve them. The Incas used potatoes year-round and had different techniques for preserving them. They were often dried or stored in silos with the help of "muña," an herb from the high plateau that prevents the potatoes from sprouting, thereby allowing them to last much longer.

Ingredients
serves 6

- 1 onion, diced
- ½ cup vegetable oil
- 1 clove garlic, minced
- 2 tablespoons paprika
- 1 tablespoon turmeric
- ½ lb octopus, cooked and cut into bite-size pieces
- ¼ lb shrimp, cleaned
- 2 cups fish broth
- 1 cup peas
- ½ cup carrots, diced
- 3 large potatoes, cooked in their skins, peeled, and cubed
- 2 sprigs mint, finely chopped
- ½ lb raw clams, cleaned
- ½ lb raw scallops, cleaned
- 1 tablespoon cornstarch
- Salt and pepper

Preparation

1 Heat oil in a saucepan and sauté the onion, garlic, chili pepper, and turmeric until the onions are soft and translucent, about 6 to 8 minutes.
2 Add the octopus and shrimp; quickly add the fish broth, peas, carrots, and potatoes. Cook a few minutes and add the mint, scallops, and clams. Season, and thicken if necessary with cornstarch dissolved in a little broth.
3 Serve with a generous portion of white rice, if desired.

SECRET
MINT IS ESSENTIAL IN THIS DISH. USE IT
GENEROUSLY.

Parihuela
Fish and Shellfish Soup

Esta deslumbrante sopa de pescados y mariscos nos trae reminiscencias de la "Bouillabese" francesa. En el Perú se puede comer con variaciones dependiendo de la región donde se la encuentre; por ejemplo, la "Orgía de mariscos" en Tumbes o la "Noche de Bodas" en el puerto de Pimentel y en Chimbote. Para conseguir una verdadera "Parihuela", el pescado base de esta debiera ser la raya, que es la reina de los "Sudados". Su preparación no lleva ni una gota de agua ni de aceite, son solo los jugos de los ingredientes los que le dan su tan característico sabor y textura. Su consistencia nos indica que estamos en presencia de un verdadero "Levanta Muertos".

Ingredientes
para 6 personas

- 1 kg de filete de corvina, reineta, tollo o cualquier pescado blanco firme
- ½ kg de camarones pelados crudos
- 12 choros maltones
- 250 gr de calamares pelados crudos
- 12 ostiones crudos
- ¼ taza de aceite
- 1 cebolla cortada en cuadritos
- 2 dientes de ajo molidos
- 3 tomates pelados, sin pepas y cortados en cuadritos
- 2 cucharadas de salsa de ají amarillo (p.13)
- 1 cucharada de salsa de ají rojo
- 1 hoja de laurel y 1 cucharada de orégano
- ¾ taza de vino blanco
- 4 tazas de caldo de pescado
- ½ taza de pisco
- 6 limones de Pica

Preparación 👨‍🍳👨‍🍳

1 En una olla caliente el aceite para sofreír ligeramente la cebolla y el ajo, hasta lograr un poco de color. Agregue el tomate, las salsas de ají, el laurel, el orégano y el vino. Salpimente y cocine unos 10 minutos, hasta que el vino se haya evaporado.
2 Agregue el caldo de pescado y una vez que hierva agregue los camarones, los choros y los calamares. Cocine todo junto por 45 minutos.
3 Una vez que esté listo agregue los ostiones, cocine solo 2 minutos más y retire del fuego.
4 Ajuste la sazón, agregue el pisco y revuelva bien.
5 Sirva acompañado de limones de Pica partidos en dos para que cada uno le agregue a gusto antes de comer.

SECRETO
APLÍQUESE PRIMERO EN HACER UN BUEN CALDO
DE PESCADO, YA QUE LA FORTALEZA DE SU
SABOR ES MUY IMPORTANTE.

This dazzling fish and shellfish soup is reminiscent of the traditional French Bouillabaisse. Peru has many regional variations with colorful names, such as the "Shellfish Orgy" in Tumbes or the "Wedding Night" in the ports of Pimentel and Chimbote.
A true "Parihuela" is always based on manta ray, the king of the "sudados." The preparation uses neither water nor oil; the liquid that gives it its characteristic flavor and texture comes only from the juice of the ingredients. Just imagine its consistency! As we say in Peru, this dish could raise the dead!

Ingredients
serves 6

- 2 ¼ lbs fillets of sea bass or other firm white fish
- 1 lb raw shrimp or crayfish, peeled
- 12 mussels
- ½ lb raw squid, peeled
- 12 raw scallops
- ¼ cup oil
- 1 onion, diced
- 2 cloves garlic, crushed
- 3 tomatoes, peeled, seeded, and diced
- 2 teaspoons Peruvian yellow hot sauce (p.17)
- 1 tablespoon red hot sauce
- 1 bay leaf
- 1 tablespoon oregano
- ¾ cup white wine
- 4 cups fish broth
- ½ cup pisco or grappa
- 6 Pica lemons or limes

Preparation 👨‍🍳👨‍🍳

1 Heat the oil in a saucepan, and lightly sauté the onion and garlic until they begin to take on color. Add the tomatoes, hot sauces, bay leaf, oregano, and wine. Add salt and pepper to taste and cook a few minutes longer to allow the wine to evaporate.
2 Add the fish broth and bring to a boil. Add the shrimp, mussels, and squid. Cook for 45 minutes.
3 Add the scallops, cook another 2 minutes, and remove from heat.
4 Adjust seasonings, add the pisco, and stir well.
5 Serve with wedges of Pica lemon or lime.

SECRET
THE KEY TO THIS RECIPE IS A GOOD
FISH BROTH; THE STRENGTH OF ITS FLAVOR
IS VERY IMPORTANT.

GUISOS
STEWS

SECRETS OF
PERUVIAN
CUISINE

Ají de Gallina
Chicken in Yellow Chili Sauce

Este plato es emblemático de la gastronomía peruana, pues sin lugar a dudas es una de las preparaciones más conocidas internacionalmente. Al igual que en los chupes chilenos, se utiliza el pan remojado en leche para espesar el guiso. Las variedades de ají utilizadas fuera del Perú no tienen el color anaranjado intenso de los originales peruanos, pero se puede resaltar el tono de los mismos con una pizca de cúrcuma en polvo disuelta en aceite.

Ingredientes
para 6 personas
- 1 gallina de 2 kg (se puede reemplazar por pollo)
- ½ taza de aceite vegetal
- 3 cebollas picadas finas
- 2 dientes de ajo molidos
- 6 ajíes verdes licuados sin pepas
- 8 tajadas de pan de molde sin corteza
- 1 taza de queso parmesano rallado
- 150 gr de queso mantecoso cotado en cubitos
- ¼ kg de nueces picadas o molidas
- 1 tarro de leche evaporada
- 6 aceitunas negras
- 3 huevos duros cortados en gajos
- Sal y pimienta

Preparación 😊😊
1 Cueza la gallina en agua con sal, por unas 2 horas. Una vez tierna; escurra, enfríe, desmenuce y reserve.
2 Caliente el aceite en una cacerola y fría la cebolla, los dientes de ajo y el ají verde licuado. Luego incorpore el pan, previamente remojado en un poco del caldo de gallina y sazone. Cueza por 10 minutos. Añada las nueces, el queso parmesano, el mantecoso y la gallina desmenuzada. Revuelva bien a fuego suave por 5 minutos, hasta que "se casen" los ingredientes.
3 Justo antes de servir, agregue la leche evaporada y mezcle bien.
4 Sirva en una fuente honda o en cada plato, y adorne con aceitunas y huevos. En Perú es tradicional servir el ají de gallina sobre una papa cocida y acompañar, además, con arroz blanco.

SECRETO
PREFIERA QUESOS DE BUENA CALIDAD Y AJÍES CON SABOR, PUES SE NOTARÁ LA DIFERENCIA.

This is one of Peru's most emblematic dishes and is clearly one of the most widely known abroad. As is true with the Chilean "chupes," it uses milk-soaked bread to thicken the stew. Peruvian chili peppers have an intense orange color, but if you cannot find them, use green chilies and add a pinch of turmeric powder dissolved in oil for color.

Ingredients
serves 6
- 1 stewing chicken (2 ½ lbs)
- ½ cup vegetable oil
- 3 onions, finely chopped
- 2 cloves garlic, crushed
- 6 green chili peppers, seeded, and pureed in a blender
- 8 slices of bread, crusts removed
- 1 cup grated parmesan cheese
- 5 oz Swiss or Gouda cheese, cubed
- ½ lb walnuts, chopped or ground
- 1 can evaporated milk
- 6 black olives
- 3 hard boiled eggs, quartered
- Salt and pepper

Preparation 😊😊
1 Cook the chicken in salted water for at least 2 hours. Once tender, drain, cool, remove the bones, and set aside.
2 Heat the oil in a large pot and fry the onion, garlic, and pureed pepper. Soak the bread in a bit of chicken stock and add seasonings. Add to the sautéed vegetables and cook 10 minutes. Add the walnuts, cheeses and chicken. Stir well over low heat for 5 minutes until the flavors blend.
3 Just before serving, add the evaporated milk and mix well.
4 Serve in a large bowl or in individual dishes garnished with black olives and eggs. In Peru this dish is traditionally served over cooked potatoes and accompanied by white rice.

SECRET
SELECT GOOD QUALITY CHEESES AND FLAVORFUL CHILI PEPPERS. YOUR GUESTS WILL APPRECIATE THE DIFFERENCE.

Pato a la Huaralina
Huaral-style Duck

El pato nativo de Perú era un ave de gran tamaño. Posteriormente esta especie se cruzó con las variedades europeas y llegó a tener un tamaño aun mayor. Su crianza se estableció en la costa norte del Perú, en Huaral, aproximadamente unos 100 km al norte de Lima. De ahí el nombre "a la Huaralina". Este tradicional plato parece estar en vías de extinción y en su rescate aquí va una interpretación.

Ingredientes
para 6 personas
- 1 pato trozado en 6
- 1 zanahoria pelada
- 1 rama de apio
- 1 rama de perejil
- 2 cebollas picadas en cuadritos
- 2 dientes de ajo molidos
- 2 ajíes cacho de cabra sin pepas
- 1 cucharada de orégano
- ½ kg de maní tostado y molido
- Cáscara de una naranja cortada en tiritas
- 6 rebanadas de pan de molde
- 1 taza de pisco, grapa o vino blanco seco
- 1 taza de crema

Preparación 👨‍🍳👨‍🍳👨‍🍳
1 Ponga en una olla los alones y menudencias del pato, la zanahoria, el apio y el perejil y cubra con 1 litro de agua. Deje hervir durante 1 hora. Luego retire del fuego, cuele y reserve el caldo.
2 En una olla aparte dore el pato en su propia grasa. Retire y reserve sobre papel absorbente, para eliminar el exceso de grasa.
3 En la misma olla donde doró el pato fría, en la grasa residual, la cebolla, el ajo, el ají cacho de cabra y el orégano. Una vez que la cebolla esté blanda agregue las presas de pato y cubra con el caldo colado.
4 Cocine el pato durante 30 minutos a fuego lento y con la olla destapada, retírelo, deshuéselo y devuelva la carne al caldo. Agregue el resto de los ingredientes y cocine por 30 minutos más a fuego lento con la olla destapada. Puede ajustar la consistencia con más crema.
5 Este sabrosísimo plato se acompaña con arroz blanco bien graneado.

SECRETO
SI NO CONSIGUE PATO ATRÉVASE A PROBAR ESTA
RECETA CON POLLO.

When the large native Peruvian duck cross-bred with European varieties, the result was an even larger bird. Today the coastal area of Hural, about 60 miles north of Lima, specializes in the production of the "Huaralina" duck. This traditional duck dish seems to be bound for extinction; here's an attempt to remedy the situation.

Ingredients
serves 6
- 1 duck, cut into 6 pieces
- 1 carrot, peeled
- 1 stalk celery
- 1 sprig parsley
- 2 onions, diced
- 2 cloves garlic, crushed
- 2 dried red chili peppers, seeded
- 1 tablespoon oregano
- 1 lb peanuts, toasted and ground
- Peel of one orange, cut into thin strips
- 6 slices bread
- 1 cup pisco, grappa, or dry white wine
- 1 cup cream

Preparation 👨‍🍳👨‍🍳👨‍🍳
1 Prepare a rich broth by boiling the duck wings and giblets in 1 quart of water with the carrot, celery, and parsley for 1 hour. Strain and reserve the both.
2 Place the duck pieces in a separate, dry pot. Add no oil; the duck will brown in its own fat. Remove the duck from the pot and drain on paper towels.
3 Add the onion, garlic, chili pepper, and oregano to the duck fat that remains in the pot and sauté. Return the duck to the pot and cover with broth.
4 Simmer, uncovered, for 30 minutes. Remove and bone the duck; return the meat to the broth. Add the remaining ingredients and cook for 30 minutes more. Adjust the consistency as desired with cream.
5 Serve this flavorful dish with white rice.

SECRET
IF YOU CAN'T FIND DUCK, TRY THIS RECIPE
WITH CHICKEN.

Lomo Saltado
Beef Sauté

Lomo "saltado" y no "salteado" como se le llama a veces. Dicen los puristas e investigadores que el origen de este plato no se le puede atribuir a la llegada de los chinos, sino que sería producto del mestizaje de la cocina peruana prehispánica y la traída por los españoles. Sin embargo, la técnica de cocción, el "saltado", no ha sido usada en ninguna otra receta de la cocina peruana tradicional. El parecido del "lomo saltado" con el clásico saltado de verduras de la cocina china, hace pensar firmemente que es en esta influencia donde está el origen del plato. Una curiosidad de esta versión es que se acompaña el arroz con choclo, lo cual lo transforma en una aberración gastronómica occidental. Sin embargo, para sus fanáticos, la combinación es sublime.

Ingredientes
para 6 personas
- 1 kg de filete de vacuno cortado en tiras de 5 x 2,5 cm
- ¼ taza de aceite vegetal
- 2 dientes de ajo machacados
- 2 cebollas cortadas en tiras gruesas
- 1 cucharada de jengibre picado fino
- 2 ajíes amarillos cortados en tiritas
- 4 tomates con cáscara y pepas, cortados en 6 a lo largo
- ¼ taza de vinagre de vino
- ¼ taza de salsa de soya
- 1 atado de perejil picado fino
- 1 atado de cilantro picado fino
- ¼ taza de cebollines picados (la parte verde)
- 1 kg de papas peladas, cortadas en bastones
- Sal y pimienta

Preparación 👨‍🍳👨‍🍳
1 En una sartén a fuego muy fuerte caliente el aceite y cocine por unos momentos el ajo, luego agregue la carne y dórela rápidamente.
2 Sazone y agregue la cebolla, el jengibre y el ají. Una vez que la cebolla esté blanda agregue el tomate y el vinagre. Un minuto después agregue la soya, el perejil, el cilantro y el cebollín.
3 Simultáneamente fría las papas en una freidora o en una sartén. Una vez listas agréguelas al salteo, mezcle ligeramente y sirva.
4 El acompañamiento clásico para este plato es arroz blanco graneado, mezclado con choclo peruano desgranado.

SECRETO
PARA QUE LA CARNE RESULTE DORADA POR FUERA Y JUGOSA POR DENTRO, DEBE COCINARLA CON EL FUEGO A MÁXIMA POTENCIA.

In Peru, we say "saltado" to refer to sautéed dishes and not "salteado" as they do in other Spanish-speaking countries. Purists and researchers say the origin of this dish cannot be attributed to the arrival of Chinese immigrants but rather to a blending of the prehispanic Peruvian and the European cuisine brought by the Spaniards. However, the "saltado" method is not used in any other traditional Peruvian recipe. The similarity between "lomo saltado" and the classic stir-fry methods used in the Chinese cuisine suggest that this is actually the origin of the dish. Curiously, although this version contains fried potatoes, it is traditionally accompanied by rice with corn, making it a gastronomic aberration in the Western world. The combination of potatoes and rice is sublime.

Ingredients
serves 6
- 2 ¼ lbs beef tenderloin, in 1" x 2" pieces
- ¼ cup vegetable oil
- 2 cloves garlic, crushed
- 2 onions, thickly sliced
- 1 tablespoon fresh ginger, minced
- 2 yellow chili peppers, in julienne strips
- 4 tomatoes, with skins and seeds, cut into 6 wedges each
- ¼ cup wine vinegar
- ¼ cup soy sauce
- 1 bunch parsley, finely chopped
- 1 bunch cilantro, finely chopped
- ¼ cup green onion tops, chopped (green parts only)
- 2 ¼ lbs potatoes, peeled and cut into sticks, as for french fries
- Oil for deep frying
- Salt and pepper

Preparation 👨‍🍳👨‍🍳
1 Heat oil in a frying pan over very high heat. Toss garlic briefly in hot oil; add the meat and brown quickly, stirring constantly.
2 Add seasonings quickly and add the onion, ginger, and pepper. Once the onion is soft and translucent, add the tomato and a few drops of vinegar. Sauté 1 minute and add soy sauce, parsley, cilantro, and green onion.
3 Meanwhile prepare french fries in a deep fryer. When ready, add to the sauté mixture, toss lightly, and serve.
4 This dish is traditionally served with white rice mixed with Peruvian corn.

SECRET
COOK THE MEAT QUICKLY OVER THE HIGHEST HEAT TO ENSURE THAT IT IS BROWNED ON THE OUTSIDE AND JUICY ON THE INSIDE.

Olluquito con Charqui
Andean "Water Potatoes" with Jerky

El "olluquito con charqui" es una receta clásica de la sierra peruana. En esa zona se utiliza comúnmente la carne de llama para hacer charqui. El "olluco" o "papa de agua" es una variedad de papa oriunda de la sierra central peruana. Tiene un sabor muy particular y es muy bonita de aspecto, alargada, de un color amarillo intenso por dentro. Tiene una cáscara jaspeada con colores entre violetas, morados y rojizos y su sabor es semejante al de la betarraga. En esta receta se reemplaza el charqui por carne de vacuno, logrando así una receta cotidiana y casera, que sigue siendo heredera del clásico plato serrano.

Ingredientes
para 6 personas

– 1 cebolla mediana picada fina
– 2 dientes de ajo molidos
– ¼ taza de aceite vegetal
– 700 gr de filete o lomo de vacuno cortado en cubitos
– 1 pizca de comino
– 2 cucharadas de salsa de ají amarillo (p.13)
– 1 cucharada de concentrado de tomate
– 1 kg de olluco o de papas, peladas y cortadas en bastones
– Sal y pimienta
– Caldo de vacuno
– Perejil picado fino

Preparación ♙♙

1 En una sartén saltee la cebolla y el ajo en aceite, hasta que estén ligeramente dorados, luego gregue la carne y dore bien. Agregue el comino, la salsa de ají amarillo y el tomate y cocine hasta lograr punto.
2 Añada las papas, sazone y ahogue por unos 5 minutos, hasta lograr que se mezclen bien todos los ingredientes. Cubra con un buen caldo de vacuno y cocine a fuego suave por unos 30 minutos, hasta lograr un cocimiento caldudo de sabor intenso.
3 Sirva acompañado con arroz blanco bien graneado, o solo en una sopera como guiso, decorado con perejil picado.

SECRETO
ATRÉVASE Y REEMPLACE LA CARNE DE VACUNO POR CHARQUI, PARA LOGRAR EL GUSTO CLÁSICO DE ESTA RECETA.

"Olluquito con Charqui" is a classic recipe in the Peruvian highlands. Llama meat is commonly used in the region to make the charqui (jerky). The "olluco" or "water potato" is a variety from the Peru's central highlands with a unique flavor similar to beets. It is long and very attractive: intensely yellow on the inside with a mottled skin in shades of violet, purple and red, with a beet-like flavor. In this recipe the charqui is replaced with beef, which makes it an everyday home recipe derived from the traditional version.

Ingredients
serves 6

– 1 medium onion, finely chopped
– 2 cloves garlic, crushed
– ¼ cup vegetable oil
– 1 ½ lbs beef fillet or loin, in ½-inch cubes
– 1 pinch cumin
– 2 tablespoons Peruvian yellow hot sauce (p.17)
– 1 tablespoon tomato paste
– 2 ¼ lbs yellow potatoes, peeled and cut into large chunks
– Salt and pepper
– Beef broth
– Parsley, minced

Preparation ♙♙

1 Sauté the onion and garlic in hot oil until lightly browned. Add the beef and brown well. Add the cumin, hot sauce, and tomato, and cook 2 to 3 minutes longer.
2 Add the potatoes, salt, and pepper, and cook for 5 minutes to blend the flavors. Cover with good beef broth and cook over low heat for 30 minutes until it becomes an intensely-flavored soupy stew.
3 Serve with granulated white rice or alone in a soup bowl as a stew, garnished with chopped parsley.

SECRET
FOR A MORE TRADITIONAL PREPARATION OF THIS DISH, REPLACE THE BEEF WITH CHARQUI (JERKY).

Pepian de Pavo
Corn and Turkey Stew

El "Pepian" es un plato ancestral peruano, aún muy popular, especialmente en la costa central y sur. En su forma más clásica, se prepara con pavo. Sin embargo en cada región puede variar la carne usada para su elaboración. El pepian de pavo se asocia con las navidades, puesto que en muchos países de Sudamérica se ha transformado en algo muy común comer pavo para la Noche Buena. El pepian se prepara con los restos del pavo, resultando una gran alternativa para el día siguiente.

Ingredientes
para 6 personas
– 1 ½ kg de pechuga de pavo
– ½ taza de aceite
– 1 cebolla cortada en cuadritos
– 2 dientes de ajo molidos
– ¼ taza de salsa de ají amarillo (p.13)
– 2 tomates pelados, sin pepas y cortados en cuadritos
– Sal y pimienta
– Caldo de pavo

PARA EL PEPIAN
– 2 tazas de choclo peruano desgranado y molido
– ½ taza de harina o de puré de arvejas
– ½ taza de salsa de ají amarillo (p.13)
– 1 taza de caldo de pavo
– 150 gr de maní tostado y molido grueso

Preparación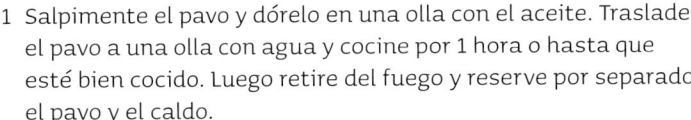

1 Salpimente el pavo y dórelo en una olla con el aceite. Traslade el pavo a una olla con agua y cocine por 1 hora o hasta que esté bien cocido. Luego retire del fuego y reserve por separado el pavo y el caldo.
2 En la misma olla en que doró el pavo sofría la cebolla, el ajo, la salsa de ají amarillo y el tomate, unos 3 minutos.
3 Mezcle en un bol todos los ingredientes del pepian y bata bien hasta lograr una pasta. Agregue sobre el sofrito y cocine por unos 10 minutos. Agregue de a poco el caldo reservado, revolviendo constantemente hasta lograr una pasta espesa. Vaya ajustando el punto con el caldo.
4 Desmenuce el pavo en trozos grandes y combine con la mezcla recién preparada. Caliente y sirva acompañado con salsa de ají amarillo.

SECRETO
PARA APORTAR TODO EL SABOR DEL PAVO,
DEJE LOS HUESOS EN EL GUISO DURANTE
TODA LA COCCIÓN.

"Pepian" is an ancient Peruvian dish that remains popular today, especially along the central and southern coasts. The classic version is made with turkey, although the meat used may vary by region. Turkey Pepian is associated with Christmas, as it has become a tradition in many South American countries to serve turkey for Christmas Eve. This dish is prepared with the leftover turkey, making it an excellent choice for the following day.

Ingredients
serves 6
– 3 ⅓ lbs turkey breast
– ½ cup oil
– 1 onion, diced
– 2 cloves garlic, crushed
– ¼ cup Peruvian yellow hot sauce (p.17)
– 2 tomatoes, peeled, seeded, and diced
– Salt and pepper
– Turkey broth

FOR THE STEW
– 2 cups Peruvian corn kernels, ground
– ½ cup pea flour or green pea puree
– ½ cup Peruvian yellow hot sauce (p.17)
– 1 cup turkey broth
– ⅓ cup peanuts, toasted, and coarsely ground

Preparation ♔ ♔ ♔

1 Season the turkey with salt and pepper and brown on all sides in hot oil. Transfer the turkey to a large pot, cover with water, and boil gently until it is well cooked, approximately 1 hour. Remove the turkey from broth and reserve both separately.
2 Using the same pan in which the turkey was browned, add the onion, garlic, hot sauce, and tomato, and cook until the vegetables soften and the onions are translucent.
3 Mix all the stew ingredients in a bowl and beat until it forms a paste. Add to the sautéed vegetables with a little of the reserved broth and cook for 10 minutes. Stir constantly until a thick paste is formed, adding more broth as needed.
4 Separate the turkey into large pieces and combine with the prepared stew mixture. Heat and serve with hot sauce. Garnish with peanuts.

SECRET
LEAVING THE BONES IN THE STEW THROUGHOUT
THE ENTIRE COOKING PERIOD WILL MAXIMIZE
THE FLAVOR OF THE TURKEY.

Arroz Chaufa
Chaufa Fried Rice

En ningún país de América Latina existe un apego tan intenso al arroz como el que tienen los peruanos. Este grano, que tiene su origen en el sudeste asiático y la India, fue introducido en España por los árabes. Los españoles lo llevaron luego a sus distintas colonias en América. Sus primeras semillas se sembraron en suelo peruano el mismo año de la fundación de Lima, en 1535, y no con la llegada de la inmigración china como comúnmente se piensa. Con el arribo al Perú de los chinos, que aportaron la mano de obra, luego de la abolición de la esclavitud, el arroz adquiere gran importancia. Los contratos que los hacendados contraían con ellos establecían el abastecimiento diario de una cantidad fija de 700 gr de arroz a cada contratado, que representaban 28.000 a 35.000 kilos de arroz al día. Algunos contratos también incluían carnes y pescados. De allí la creación del arroz Chaufa, que simplemente es la mezcla de los productos que los chinos recibían como pago. Podemos decir entonces que el famoso arroz Chaufa es peruano y forma parte del acervo culinario nacional. Con el paso del tiempo se ha popularizado y sofisticado. Aquí, una de sus interpretaciones.

Ingredientes
para 6 personas

- 1 kg de arroz grano corto
- 1 kg de pulpa de cerdo
- 150 gr de manteca de cerdo
- 6 huevos
- 1 pimiento morrón rojo cortado en cuadritos
- 1 atado de cebollín cortado en tiritas, incluyendo la parte verde
- 2 dientes de ajo molidos
- ½ taza de aceite vegetal
- 1 cucharadita de aceite de sésamo
- ½ taza de salsa de soya

Preparación ☺

1 Cocine el arroz en forma normal y reserve.
2 Corte la pulpa de cerdo en trozos largos de 1 x 2 cm y saltee en la manteca hasta dorar. Reserve.
3 Bata los huevos y haga una tortilla delgada, corte en tiritas y reserve.
4 En una sartén o wok saltee el pimiento, el cebollín y el ajo, a fuego fuerte. Una vez a punto agregue el arroz, la tortilla y el cerdo y continue salteando. Cuando se hayan mezclado los ingredientes, agregue la salsa de soya, el aceite de sésamo y sirva.
5 En la actualidad este es un plato que por lo general acompaña otras preparaciones, siguiendo la costumbre de los "Chifas" o restaurantes chinos peruanos.

SECRETO
UTILICE SALSA DE SOYA DE BUENA CALIDAD, PREFERENTEMENTE JAPONESA Y NO USE ARROZ PREGRANEADO.

No other Latin American country is as attached to rice as Peru is. Originally from Southeast Asia and India, the grain was introduced to Spain by the Arabs. The Spanish took it to their different colonies in the Americas. Contrary to popular belief the first seeds were sown on Peruvian soil in 1535, the same year that Lima was founded, and not with the Chinese immigration.
Rice became even more important in Peru with the arrival of the Chinese workers after the abolition of slavery in 1854. Their employment contracts stipulated that the landowners provide them with a fixed daily allotment of 1 ½ pounds of rice per worker, or some 62,000 to 77,000 pounds of rice per day! Some of the contracts also included meat and fish, giving rise to the creation of "Chaufa rice," which is simply the mixture of the products that the Chinese workers received as pay. We could therefore say that the famous "Chaufa rice" is Peruvian and forms part of the national culinary repertoire. With the passage of time it has become more popular and more sophisticated. Here is one of its many versions.

Ingredients
serves 6

- 5 cups short-grained rice
- 2 ¼ lbs pork loin
- 5 oz pork lard
- 6 eggs
- 1 red bell pepper, diced
- 1 bunch green onion, cut into julienne strips (green part included)
- 2 cloves garlic, crushed
- ½ cup vegetable oil
- 1 teaspoon sesame oil
- ½ cup soy sauce

Preparation ☺

1 Cook rice as usual and set aside.
2 Cut the pork into ½ x 1-inch pieces long and brown in lard. Set aside.
3 Beat the eggs and make a thin omelet. Cut into thin strips and set aside.
4 In a wok or frying pan set over high heat, briefly stir-fry the pepper, green onion, and garlic. Add the rice, omelet strips, and pork and continue stir-frying. When the ingredients are well mixed, add the soy sauce, sesame oil, and serve.
5 Today this dish is usually served to accompany other dishes, following the tradition of the Peruvian-Chinese restaurants known as "Chifas."

SECRET
USE GOOD QUALITY SOY SAUCE, PREFERABLY JAPANESE, AND DO NOT USE PARBOILED RICE.

Tamal Criollo
Peruvian Tamale

Los tamales que se comen en Perú se diferencian de los de otros países latinoamericanos en que los de origen peruano se envuelven en hojas de plátano, se rellenan con diferentes carnes y llevan aceitunas, huevo duro y maní. Hoy en día hay nuevas versiones con todo tipo de granos y legumbres.

Existen sectores que afirman que la creación de los tamales se atribuye a la influencia africana en Perú, por el solo hecho que en el siglo XIX era una escena habitual ver a las negras tamaleras con algún instrumento de percusión, como un cajón peruano o un bongó, tocando en las esquinas y ofreciendo sus tamales calentitos desde su canasta para desayunar los domingos.

Ingredientes
para 6 personas

– 2 kg de maíz
– ¼ taza de aceite vegetal
– ¼ taza de salsa de ají amarillo (p.13)
– ¼ taza de salsa de ají cacho de cabra
– 2 dientes de ajo molidos
– 1 cucharadita de comino en polvo
– 1 ½ kg de pulpa de cerdo
– 1 ají amarillo cortado en tiritas
– 6 aceitunas negras amargas sin cuesco
– 2 huevos duros
– ¼ taza de maní tostado
– 6 hojas de plátano o de maíz

Preparación 👨‍🍳👨‍🍳👨‍🍳

1. Deje el maíz remojando en agua desde el día anterior a la preparación. Al día siguiente hierva en abundante agua. Cuele y vuelva a hervir en agua y deje enfriar. Una vez frío, cuele y muela los granos en un procesador, agregando un poco de su propio caldo para lograr una masa medio firme. Mezcle en una olla con el aceite, las salsas de ají, el ajo, el comino y reserve.
2. En una olla aparte, cocine el cerdo en agua con sal. Retire y deje enfriar. Corte en cubos de 4 cm y reserve el caldo para ajustar la consistencia de la masa.
3. Sobre una hoja de plátano coloque 3 cucharadas de masa, un trozo de cerdo, una aceituna, una juliana de ají, un poco de maní tostado y ¼ de huevo duro.
4. Doble las hojas de los costados hacia adentro, envolviendo la preparación, luego cruce los extremos y amarre como un paquetito, con tiras de la misma hoja. Cocine al vapor durante 1 hora.
5. Sirva acompañado de salsa criolla y salsa de ají amarillo (p.13).

SECRETO
LAS HOJAS DE PLÁTANO DAN UN SABOR ESPECIAL A LOS TAMALES. SE CONSIGUEN EN LAS TIENDAS ESPECIALIZADAS EN PRODUCTOS PERUANOS.

Peruvian tamales differ from those of other Latin American countries in that the Peruvian variety is wrapped in banana leaves rather than corn husks and filled with an assortment of meats, olives, hard-boiled eggs, and peanuts. Today there are new versions made with all kinds of grains and legumes.

Many believe that tamales are associated with the African influence in Peru because in the 19th century it was common to see black women playing percussion instruments such as the Peruvian "cajón" (box) or bongos on street corners and selling hot tamales from their wicker baskets for Sunday morning breakfast.

Ingredients
serves 6

– 4 ½ lbs dried corn kernels
– ¼ cup oil
– ¼ cup Peruvian yellow hot sauce (p.17)
– ¼ cup red hot sauce
– 2 cloves garlic, crushed
– 1 teaspoon powdered cumin
– 3 ⅓ lbs pork loin
– 1 yellow chili pepper, cut into julienne strips
– 6 pitted black olives
– 2 hard boiled eggs, cut into thirds
– ¼ cup toasted peanuts
– 6 fresh banana leaves or corn husks

Preparation 👨‍🍳👨‍🍳👨‍🍳

1. Soak the corn in water overnight. When ready to prepare the tamales, bring it to a boil in abundant water. Drain, add fresh water, return to a boil, and allow to cool. Drain the cooled corn and grind it in a processor, adding a bit of the cooking water to achieve a medium-firm dough. Transfer the corn to a pot and mix with oil, hot sauces, garlic, and cumin.
2. In a separate pot, cook the pork in salted water. Remove from heat and allow to cool. Cut pork into bite-sized pieces, and reserve the broth for adjusting the consistency of the dough.
3. Lay out a banana leaf or corn husk, and add ⅙ of the dough, a piece of pork, an olive, a strip of chili pepper, a teaspoon of peanuts and ⅙ of the egg. Wrap like a little packet and tie with a strip taken from the leaf. Steam for 1 hour.
4. Serve with Criolla sauce (p.16) and Peruvian yellow hot sauce (p.17).

SECRET
PLANTAIN OR BANANA LEAVES GIVE THE TAMALES A SPECIAL FLAVOR. THEY CAN BE FOUND WHEREVER PERUVIAN FOOD PRODUCTS ARE SOLD.

Tacu-Tacu
Spicy Black Bean, Pork, and Rice "Omelet"

El origen de este plato se le atribuye a los esclavos africanos, que arribaron durante el siglo XVIII a las tierras de la costa sur peruana para trabajar en las haciendas algodoneras, trayendo con ellos nuevas formas de consumir los frijoles (porotos). Con el pasar de los años el "Tacu-Tacu" se insertó de a poco en el menú peruano y hoy es otro clásico.

Vertientes modernas de gastronomía han creado variaciones interesantes, como por ejemplo, usando garbanzos y rellenándolo con mariscos o chancho.

Ingredientes
para 6 personas
- ½ kg de arroz
- 300 gr de frijoles o porotos burro o negro, a su gusto (remojados en agua desde la víspera)
- ½ kg de costillar de cerdo, sin hueso, cortado en cubos
- 1 cebolla picada fina
- 2 dientes de ajo machacados
- 1 cucharada de orégano seco
- 1 pizca de comino en polvo
- ¼ taza de salsa de ají amarillo (p.13)
- Aceite para freír
- 6 escalopas de vacuno
  (pasadas por harina, huevo batido y pan rallado)
- 6 plátanos cortados en lonjas a lo largo
- 6 huevos
- Sal y pimienta

Preparación 👨‍🍳👨‍🍳👨‍🍳
1 Cocine el arroz en forma normal y reserve.
2 Cocine los frijoles a fuego lento, cubiertos de agua fría sin sal, durante 2 horas o hasta que estén bien blandos.
3 En una sartén saltee el costillar, la cebolla y el ajo hasta lograr un dorado leve. Bote el exceso de grasa y agregue los frijoles cocidos, mezclando bien todo a fuego suave. Sazone la mezcla con orégano, comino, salsa de ají amarillo, sal y pimienta. Revuelva hasta lograr una masa espesa. Agregue el arroz y mezcle hasta obtener una masa bien unida y reserve.
4 En otra sartén caliente el aceite y agregue una porción de la masa recién preparada. Fría formando una omelete, cuidando que no se seque por dentro. Cuando esté dorada, saque del fuego y reserve. Repita el procedimiento hasta acabar con la masa.
5 Fría las escalopas, los plátanos y el huevo y sirva como acompañamiento para el Tacu-Tacu, junto con salsa criolla (p.13).

SECRETO
SEA GENEROSO CON LOS CONDIMENTOS, ELLOS
DAN AL TACU-TACU SU CARACTERÍSTICO SABOR.

This dish is attributed to the African slaves who arrived during the 18th century to work the cotton fields along the southern coast of Peru. They introduced new preparations for beans. This dish was gradually incorporated into Peruvian cuisine and today is considered a classic.

Modern gastronomic trends have created interesting variations of this dish, such as using garbanzos and filling the "omelet" with pork or shellfish.

Ingredients
serves 6
- 2 ½ cups rice
- 1 lb white or black beans as desired, soaked overnight
- 1 lb pork ribs, boned and cubed
- 1 onion, finely chopped
- 2 cloves garlic, crushed
- 1 tablespoon dried oregano
- 1 pinch powdered cumin
- ¼ cup Peruvian yellow hot sauce (p.17)
- Oil for frying
- 6 thinly-sliced beef round steaks (dredged in flour, beaten egg, and bread crumbs)
- 6 bananas, cut in half lengthwise
- 6 eggs
- Salt and pepper

Preparation 👨‍🍳👨‍🍳👨‍🍳
1 Cook rice as usual and set aside.
2 Cover the beans with cold, unsalted water and cook over low heat for 2 hours or until soft.
3 Sauté the ribs, onion, and garlic until lightly browned. Drain off grease and add the cooked beans. Stir well over low heat. Season the mixture with oregano, cumin, hot sauce, salt and pepper. Continue stirring until the mixture thickens. Add the rice and blend well. Set aside.
4 Heat the oil in a separate skillet, add ⅙ of the bean and meat mixture, and spread out evenly. Cook the Tacu-Tacu until lightly browned and then fold in half like an omelet. Slide out of the pan and reserve. Repeat with the remaining mixture for a total of 6 portions.
5 Fry the steaks, bananas, and egg to accompany the Tacu-Tacu. Serve with Criolla sauce (p.16).

SECRET
BE GENEROUS WITH THE CONDIMENTS;
THEY GIVE THE TACU-TACU ITS
CHARACTERISTIC FLAVOR.

Seco de Cordero
Lamb Stew

La creación del "seco de cordero" proviene de la zona norte del Perú, especialmente del departamento de "Chiclayo". Allí se prepara una chicha de maíz que reemplaza a la cerveza que elegimos para esta preparación. También se puede reemplazar el cordero por cabrito o pato.

Ingredientes
para 6 personas
– 1 kg de pierna de cordero
– ½ taza de aceite de maíz
– 2 cebollas cortadas en cuadritos
– 4 dientes de ajo machacados
– 1 cucharada de pimienta negra molida
– 1 cucharada de comino
– Salsa de ají amarillo (p.13)
– 1 paquete grande de cilantro licuado (aproximadamente ½ litro)
– ½ litro de cerveza
– 1 zanahoria pelada, cortada en rodajas
– ¾ taza de arvejas cocidas
– 1 taza de vino tinto

Preparación

1 Dore los trozos de cordero en aceite bien caliente, hasta lograr algo de color. Retire del fuego y reserve.
2 En una olla fría ligeramente la cebolla y los ajos machacados hasta que estén bien dorados. Agregue el resto de los ingredientes y el cordero.
3 Deje cocinar por 1 hora a fuego lento o hasta que el cordero esté tierno.
4 La manera clásica de servirlo es acompañado de arroz blanco, pero hoy día se lo conoce como "combinado" cuando además del arroz se sirve con una porción de frijoles guisados.

S E C R E T O
PREFIERA LA CARNE DE CORDERO LECHÓN, TIERNO Y MAGRO. LOS CORDEROS DE LA PATAGONIA SON MUY ADECUADOS PARA ESTA PREPARACIÓN.

The creation of the "seco de cordero" comes from northern Peru, especially in Chiclayo, where it is also made with a wonderful fermented corn drink called chicha, which has been replaced here with beer. The "seco" may also be made with goat or duck.

Ingredients
serves 6
– 2 ¼ lbs leg of lamb
– ½ cup corn oil
– 2 onions, diced
– 4 cloves garlic, ground
– 1 tablespoon ground black pepper
– 1 tablespoon cumin
– Peruvian yellow hot sauce (p.17)
– 1 large bunch cilantro, pureed (approximately 1 qt)
– 1 qt beer
– 1 carrot, peeled and sliced
– ¾ cup cooked peas
– 1 cup red wine

Preparation

1 Heat oil in a large pot and brown the lamb pieces. Remove from heat and set aside.
2 Sauté the onion and garlic until golden. Add the lamb and remaining ingredients.
3 Cover and cook over low heat for 1 hour or until the lamb is tender.
4 This dish is traditionally served with white rice, but a popular version today called the "combinado" also includes a portion of fried beans along with the rice.

S E C R E T
LOOK FOR SUCKLING LAMB FOR THIS DISH; IT'S VERY TENDER AND LEAN. PATAGONIAN LAMB IS IDEAL.

Sancochado
Beef with Vegetables and Broth

Este plato es uno de los aportes más evidentes y duraderos de los españoles a la gastronomía sudamericana, encontrándose distintas versiones en cada país, como el "puchero" argentino, la "cazuela" chilena y así sucesivamente. En el caso peruano se acompaña con "salsitas" para ir aportando sabores. Así este plato pasó de "sano y reponedor" a ser "condimentado y tentador". Por lo general, en los restaurantes limeños, el "Sancochado" es un evento de los días los lunes, para reponerse de los agotadores fines de semana. Esta versión es mi favorita.

This dish is one of the most evident and long-lasting Spanish contributions to South American gastronomy. Called "Puchero" in Argentina and "Cazulea" in Chile, it is known by many different names throughout the region. The Peruvian version is accompanied by little sauces that add flavor. The dish has gone from "healthy and hearty" to "spicy and tempting." In Lima restaurants, "sancochado" is usually served on Mondays as a way of recovering from exhausting weekend activities. This is my own personal favorite version.

Ingredientes
para 6 personas
– 1 ½ kg de sobrecostilla
– 1 ½ kg de punta de picana
– 1 ½ kg de huesos de cazuela
– 1 repollo
– 4 camotes pelados y trozados
– 6 papas medianas peladas
– 4 zanahorias peladas y cortadas en trozos medianos
– 2 cebollas peladas y cortadas en 4 c/u
– 1 nabo pelado y cortado en trozos medianos
– ½ kg de yuca pelada y cortada en trozos medianos
– ½ kg de choclo peruano pelado y cortados en rodajas
– 1 pechuga de pollo (opcional)
– ½ kg de longaniza (opcional)

Ingredients
serves 6
– 2 ¼ lbs rib roast
– 2 ¼ lbs chuck roast
– 2 ¼ lbs beef bones
– 1 cabbage
– 4 sweet potatoes, peeled and chunked
– 6 medium potatoes, peeled
– 4 carrots, peeled and sliced
– 2 onions, peeled and quartered
– 1 turnip, peeled and sliced
– 1 lb yuca, peeled and sliced
– 1 lb Peruvian corn, husked and quartered
– 1 chicken breast (optional)
– 1 lb sausage (optional)

Preparación 👨‍🍳
1 Corte las carnes en trozos grandes y cocínelas junto a los huesos en una olla grande con abundante agua sin sal durante 1 ½ hora. Cocine a fuego medio y en olla tapada.
2 En una olla aparte, cocine el repollo entero en abundante agua hirviendo por unos 5 minutos, cambiando el agua 1 ó 2 veces. Estile y reserve en una fuente.
3 Una vez cocida la carne agregue las verduras peladas y cortadas en trozos y cocine por 1 hora más en olla tapada y la última ½ hora destape la olla.
4 Para servir, ponga las carnes en una fuente y las verduras en otra, junto con el repollo cortado en cuartos. El caldo se sirve solo, ya sea como entrada o después de las carnes.
5 La gracia del sancochado son las salsas con que se acompaña. Éstas se van ofreciendo de a poco para ir variando los sabores. Pruébelo con las salsas huancaína (p.45), de ají amarillo, perejil y salsa criolla (p.13).

SECRETO
A MI PARECER, EL CALDO DEBE SERVIRSE DESPUÉS QUE LA CARNE Y LAS VERDURAS, PORQUE AYUDA A LA DIGESTIÓN Y ADEMÁS ES UN GRAN FINAL PARA EL PALADAR.

Preparation 👨‍🍳
1 Cut the meat into large pieces. Add meat and bones to a large pot, and cover generously with unsalted water. Cover the pot and simmer for 1 ½ hours.
2 Cook the cabbage separately in abundant boiling water for 5 minutes, changing the water once or twice. Drain, quarter, and set aside.
3 Once the meat is cooked through and tender, add the vegetables and cook, covered, 1 hour. Uncover and simmer another ½ hour longer.
4 To serve, remove the bones, place the meats in one dish and the vegetables and cabbage in another. The broth is served separately, either before or after the meat, as desired.
5 The sauces that accompany the sancochado are a very important part of the dish. They are offered one by one to vary the flavors. I personally recommend trying Huancaína sauce (p.45), Criolla sauce, Peruvian yellow hot sauce or Parsley sauce (p.16-17).

SECRET
I PREFER TO SERVE THE BROTH AFTER THE MEAT AND VEGETABLES BECAUSE IT AIDS IN DIGESTION AND IS AN EXCELLENT WAY TO END THE MEAL.

POSTRES
DESSERTS

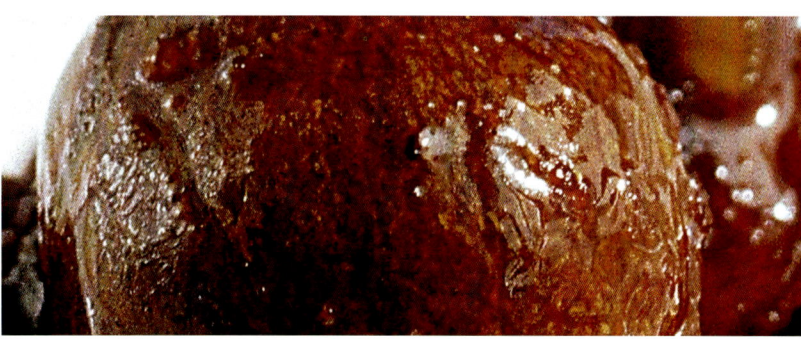

Suspiro de Limeña
Sweet Peruvian Caramel Meringue

El nombre correcto de este postre es "Suspiro de Limeña" y no "Suspiro Limeño". La leyenda dice que fue bautizado así por don José Gálvez, autor de "Una Lima que se va". Al preguntarle qué fue lo que le inspiró para dar este nombre al postre, él contestó: "¡Que es dulce y suave como el suspiro de una limeña!".

Ingredientes
para 6 personas

PARA EL MANJAR DE YEMAS
- 2 latas de leche evaporada
- 1 lata de leche condensada ó 3 tazas de azúcar
- 5 yemas
- 1 cucharadita de esencia de vainilla

PARA EL MERENGUE
- 1 taza de azúcar
- Oporto
- 3 claras

Preparación 😊😊😊

EL MANJAR DE YEMAS
1 Vacíe en una cacerola las leches y lleve a fuego lento, revolviendo constantemente con una cuchara de palo. Idealmente use una cacerola de cobre, pues ayuda mucho a que no se queme ni se pegue la mezcla. Debe revolver hasta formar un manjar blanco, bien espeso. Esto demora por lo menos 2 horas, por lo tanto, cuando haga este manjar prepare más cantidad y guarde el sobrante para otra ocasión.
2 Retire del fuego y agregue las yemas, pasándolas por un colador, y luego la esencia de vainilla. Deje enfriar y luego vacíe en una fuente o en copas individuales.

EL MERENGUE
1 Ponga el azúcar en una olla y cúbrala con el oporto. Forme un almíbar a punto de hebra.
2 Bata las claras a nieve usando una máquina y agregue de a poco el almíbar, batiendo constantemente hasta enfriar.
3 Este merengue se pone en forma decorativa sobre el manjar de yemas. El toque final lo da espolvoreando el merengue con canela molida.

SECRETO
EL MANJAR DEBE PREPARARLO USTED. SOLO EN CASO DE APURO USE MANJAR COMPRADO, CUIDANDO QUE SEA EL MEJOR EN EL MERCADO.

Although often called "Suspiro Limeño" (A Sigh from Lima), the correct name for this dessert is "Suspiro de Limeña" (A Lady from Lima Sighs). Legend claims it was christened by José Gálvez, author of "Una Lima que se va," (The Lima that Once Was). When he was asked what had inspired the name, he answered, "It's as sweet and soft as the sigh of a lady from Lima!"

Ingredients
serves 6

FOR THE EGG-YOLK CARAMEL
- 2 cans evaporated milk
- 1 can sweetened condensed milk or 3 cups sugar
- 5 egg yolks
- 1 teaspoon vanilla extract

FOR THE MERINGUE
- 1 cup sugar
- Port
- 3 egg whites

Preparation 😊😊😊

THE EGG-YOLK CARAMEL
1 Pour the milks into a saucepan and cook over low heat, stirring constantly with a wooden spoon. This works best in a copper pot, which helps prevent sticking or burning. Stir until the mixture forms a thick light brown caramel. The process will take at least 2 hours, so make a double batch and save half for another use.
2 Remove from the heat and add the egg yolks through a strainer, followed by the vanilla extract. Mix well and allow to cool and then pour into a bowl or individual serving dishes.

THE MERINGUE
1 Place the sugar in a saucepan and cover with the port wine. Bring syrup to thread stage.
2 Use an electric mixer to beat the egg whites to soft peaks. Add the syrup little by little, beating constantly until cool.
3 Spread the meringue decoratively over the caramel. Finally, sprinkle the ground cinnamon over the top.

SECRET
THE BEST CARAMEL IS HOME-MADE. ONLY USE STORE-BOUGHT CARAMEL AS A LAST RESORT, AND THEN CHOOSE THE VERY BEST AVAILABLE.

Ranfañote
Sweet and Spicy Spoon Dessert

Este es un dulce que forma parte de los llamados "postres de cuchara", como el Suspiro de Limeña. De la misma época, y al igual que el suspiro, se servía en fuentes para "cucharear" y no en copa como se estila actualmente.

Ingredientes
para 6 personas

– 600 gr de chancaca
– Unos granos de anís
– ½ cucharada de ralladura de cáscara de naranja
– ½ cucharadita de clavo de olor molido
– 15 nueces picadas
– 150 gr de coco rallado o de coquitos de palma
– 1 cucharada de mantequilla
– 250 gr de queso fresco
– 2 rodajas de pan frito
– 1 taza de vino dulce u oporto

Preparación

1 Coloque al fuego la chancaca con 1 taza de agua fría, el anís, la cáscara de naranja y el clavo de olor. Cuando se ha deshecho bien la chancaca agregue las nueces, los coquitos, la mantequilla y el queso fresco en trozos pequeños. A los 10 minutos añada el pan cortado en cuadraditos pequeños y el vino.
2 Cocine a fuego fuerte, revolviendo bien hasta que la mezcla se espese, unos 5 minutos.
3 Una vez que esté frío sirva en una fuente, para "cucharear" y servir en cada plato.

S E C R E T O
PREFIERA LA CHANCACA DE CAÑA DE AZÚCAR.

This sweet delight belongs to the family of "spoon-desserts," such as Suspiro de Limeña. It is probably from the same time period and, like the Suspiro, was brought to the table in a large bowl and dished out with a spoon, rather than in individual dessert dishes as it is today.

Ingredients
serves 6

– 1 ⅓ lbs chancaca or molasses
– 1 teaspoon anise seeds
– ½ tablespoon grated orange peel
– ½ teaspoon ground cloves
– 15 walnuts, chopped
– 5 oz coarsley grated cocount or bite-sized pieces of fresh coconut
– 1 tablespoon butter
– 9 oz cottage cheese
– 2 slices bread, toasted, fried, and cubed
– 1 cup Port or other sweet wine

Preparation

1 If using chancaca, mix it with 1 cup of cold water. Then mix it or the molasses with the anise seeds, orange peel, and cloves in a saucepan and stir over low heat. When the mixture is completely dissolved, add the nuts, coconut, butter, and cottage cheese. Simmer and stir until the butter melts and the cheese is incorporated into the mixture; add the bread cubes and wine.
2 Turn heat to high and stir well until the mixture thickens.
3 Pour into a dessert bowl, allow to cool and serve at the table, spooning out the individual servings.

S E C R E T
LOOK FOR PERUVIAN CHANCACA MADE FROM
SUGAR CANE IN SPECIALTY SHOPS.

Turrón de Chocolate
Rich Chocolate Cake

Este es un postre que está preparado con una receta llegada del Perú, pero cuyo origen no está claro. Lo que sí puede asegurarse de él es que si de chocolate se trata, aquí lo podemos encontrar en gloria y majestad

Ingredientes
para 6 personas

PARA EL BIZCOCHUELO
- ¾ taza de cacao amargo
- 1 taza de aceite
- 2 tazas de azúcar
- 2 tazas de harina con polvos de hornear
- 6 huevos
- 1 cucharadita de vainilla
- 1 cucharadita de sal
- 2 tazas de nueces picadas gruesas

PARA LA COBERTURA
- ¾ taza de cacao amargo
- 1 tarro de leche condensada
- 1 tarro de leche evaporada
- 30 gr de mantequilla

Preparación

EL BIZCOCHUELO
1 Precaliente el horno a temperatura media (180°C) y enmantequille un molde rectangular de 21 x 30 cm.
2 Ponga el cacao en una sartén y agregue el aceite a fuego lento, revuelva y agregue el azúcar. Una vez bien mezclado, traslade a un bol.
3 Agregue el harina de a poco y los huevos de dos en dos, revolviendo constantemente. Luego agregue la vainilla, la sal y por último las nueces.
4 Vacíe la mezcla al molde previamente enmantequillado y cocine en el horno por 45 minutos.

LA COBERTURA
1 En una sartén a fuego moderado coloque el cacao y agregue la leche condensada, revolviendo bien. Añada poco a poco la leche evaporada y cocine a fuego lento hasta espesar.
2 Pase por un cedazo o colador fino a un bol. Agregue la mantequilla, una bien y deje enfriar por completo.
3 Una vez que el bizcochuelo esté listo sáquelo del molde, báñelo con la cobertura y decore con nueces.

SECRETO
PUEDE CORTAR EL TURRÓN POR LA MITAD A LO ANCHO Y RELLENARLO CON LA COBERTURA, COMO UNA TORTA.

I learned this recipe in Peru, although I don't know its origins. I can assure you, however, that this is chocolate in its full glory.

Ingredients
serves 6

FOR THE CAKE
- ¾ cup unsweetened cocoa
- 1 cup oil
- 2 cups sugar
- 2 cups self-rising flour
- 6 eggs
- 1 teaspoon vanilla
- 1 teaspoon salt
- 2 cups coarsely chopped walnuts

FOR THE ICING
- ¾ cup unsweetened cocoa
- 1 can sweetened condensed milk
- 1 can evaporated milk
- 1 tablespoon butter

Preparation

THE CAKE
1 Preheat the oven to 250°F and butter an 11" x 7" rectangular cake pan.
2 Place the cocoa in a saucepan and stir in the oil over low heat. Add the sugar and mix well.
3 Remove to a bowl and gradually add the flour and the eggs, two at a time, stirring constantly. Add the vanilla, salt, and finally the nuts.
4 Pour into the cake pan and bake for 45 minutes. The cake will be soft and very moist.

THE ICING
1 Place the cocoa in a saucepan over medium heat and add the sweetened condensed milk, stirring well. Slowly add the evaporated milk; cook and stir over low heat until thickened.
2 Pour the mixture through a fine strainer into a bowl. Add the butter, mix well, and allow it to cool.
3 Remove the cake from its mold and pour the icing over the top. Garnish with walnuts.

SECRET
TRY CUTTING THE CAKE IN HALF HORIZONTALLY AND FILLING IT WITH ICING.

Torta Aldeana
Flourless "Aldeana" Cake

Esta antigua receta peruana fue rescatada de algún recóndito lugar. La gracia de esta torta es que no lleva harina entre sus ingredientes, haciendo que el bizcochuelo sea un bocado ligero y espumoso.

This old-time Peruvian recipe was discovered in some remote corner of the country. What makes it special is that this cake contains no flour, so it's light and spongy.

Ingredientes
para 6 personas
– Aceite
– Harina
– Manjar
– Almendras enteras

PARA EL BIZCOCHUELO
– 4 huevos separados
– 1 ½ taza de azúcar flor
– 240 gr de mantequilla
– 250 gr de almendras molidas

PARA EL MERENGUE
– 1 taza de azúcar
– 1 taza de oporto
– 3 claras de huevo

Ingredients
serves 6
– Oil
– Flour
– Caramel
– Whole almonds

FOR THE CAKE
– 4 eggs, separated
– 1 ½ cups powdered sugar
– ½ lb butter
– ½ lb almonds, ground

FOR THE MERINGUE
– 1 cup sugar
– 1 cup Port
– 3 egg whites

Preparación
EL BIZCOCHUELO
1 Aceite y enharine un molde de fondo removible y reserve.
2 Precaliente el horno a temperatura baja (140°C).
3 Bata las yemas hasta que queden espumosas y de un color pálido. Agregue el azúcar flor de a poco y luego la mantequilla, batiendo constantemente hasta unir bien todo. Reserve.
4 Bata por separado las claras a nieve y reserve.
5 A la mezcla de yemas agregue las almendras molidas y las claras a nieve, uniendo todo con movimientos envolventes.
6 Vacíe esta mezcla al molde aceitado y enharinado previamente y lleve al horno precalentado por unos 50 minutos. Después de ese tiempo introduzca un mondadiente y verifique que salga seco.
7 Retire del horno, deje enfriar unos 5 minutos y desmolde sobre una rejilla para que se termine de enfriar.

EL MERENGUE Y EL ARMADO
1 En una olla ponega el azúcar y el oporto a fuego lento, hasta conseguir un almíbar a punto de hebra, es decir, que se reduzca hasta lograr un hilo fino al levantar la cuchara mientras revuelve.
2 Bata las claras a nieve, agregue el almíbar y siga batiendo hasta que el merengue esté frío.
3 Cubra el bizcochuelo primero con una capa abundante de manjar y luego con el merengue. Decore con manjar y almendras enteras.

SECRETO
RECUERDE BATIR LAS CLARAS Y LAS YEMAS CON PACIENCIA, HASTA QUE ESTÉN BIEN ESPUMOSAS. DE ELLO DEPENDE LA CALIDAD DE LA TEXTURA DEL BIZCOCHUELO.

Preparation
THE CAKE
1 Grease and flour a cake pan with a removable bottom.
2 Preheat oven to low heat (275°F).
3 Beat the egg yolks until they are thick and pale yellow. Gradually add the powdered sugar, followed by the butter, beating constantly until well blended. Add the ground almonds.
4 Beat egg whites to soft peaks and set aside.
5 Fold in beaten egg whites and ground almonds.
6 Pour the batter into the prepared cake pan. Bake 50 minutes or until a toothpick inserted into the center comes out clean.
7 Cool and unmold onto a rack.

THE MERINGUE
1 Heat the sugar and port in a saucepan over low heat until it reaches 230-234°F on a candy thermometer or a small amount dropped into cold water forms a fine thread.
2 Beat the egg whites to soft peaks; gradually add the hot syrup and continue beating until the meringue is cool.

ASSEMBLY
1 Cover the cake with a generous layer of caramel and top with meringue.
2 Garnish with caramel and whole almonds.

SECRET
BEAT THE EGG WHITES AND YOLKS PATIENTLY UNTIL THEY ARE QUITE FLUFFY. THE TEXTURE OF THE CAKE DEPENDS ON IT.

SECRETS OF PERUVIAN CUISINE

Merengado de Lúcuma
Eggfruit Meringue Cake

Este espectacular postre tiene sus raíces en Europa, recordemos que los Incas no conocían el azúcar; ellos endulzaban sus comidas con frutas dulces. La lúcuma es un fruto oriundo del Perú, que crece en las alturas de sus cerros desde los 1.000 a los 3.000 metros. Tiene un sabor dulce muy particular que en esta torta luce glorioso.

This spectacular dessert has its roots in Europe. Sugar was unknown in ancient Peru; the Incas sweetened their food with fruit. The "lúcuma," or eggfruit, comes from Peru and grows at 3,300 to 9,900 feet above sea level. This cake is an excellent way to highlight its unique sweet flavor.

Ingredientes
para 6 personas

PARA LAS HOJAS DE MERENGUE
- 3 claras de huevo
- 1 taza de azúcar
- Aceite
- Papel mantequilla y pincel

PARA EL PURÉ DE LÚCUMA
- 1 taza de azúcar
- 1 taza de agua
- 1 cucharada de jugo de limón
- ½ kg de lúcumas peladas y cortadas en cubitos

PARA LA CREMA CHANTILLY
- ½ lt de crema para batir
- ½ taza de azúcar
- 1 cucharadita de esencia de vainilla

Ingredients
serves 6

FOR THE MERINGUE LAYERS
- 3 egg whites
- 1 cup sugar
- Oil
- Waxed paper and pastry brush

FOR THE EGGFRUIT PUREE
- 1 cup sugar
- 1 cup water
- 1 tablespoon lemon juice
- 1 lb eggfruit, peeled and diced

FOR THE WHIPPED CREAM
- ½ qt whipping cream
- ½ cup granulated sugar
- 1 teaspoon vanilla extract

Preparación

LAS HOJAS DE MERENGUE
1. Bata las claras a punto de nieve y agregue el azúcar. Siga batiendo hasta mezclar bien.
2. Cubra una fuente de horno con papel mantequilla y pincélelo con aceite vegetal. Forme 3 discos de 30 cm de diámetro aproximadamente y lleve al horno a fuego mínimo (80° a 100°C) durante 1 ½ hora, o hasta que los discos estén crocantes.

EL PURÉ DE LÚCUMA
1. En una cacerola prepare un almíbar con el azúcar, el agua y el jugo de limón.
2. Hierva por unos 5 minutos, agregue la lúcuma y retire del fuego.
3. Deje enfriar y pase por la licuadora y después por un colador.

LA CREMA CHANTILLY
1. Bata la crema con el azúcar hasta que esté bien espesa.
2. Agregue la vainilla e incorpore bien.

EL ARMADO
1. Ponga sobre una fuente extendida o un tortero una hoja de merengue y una capa de puré de lúcuma alternadamente.
2. Luego cubra todo con la crema chantilly.

SECRETO
SI ESTÁ USANDO EL HORNO DURANTE EL DÍA PUEDE APAGARLO Y DEJAR LAS HOJAS DE MERENGUE DENTRO DURANTE TODA LA NOCHE. AL DÍA SIGUIENTE ESTARÁN LISTAS.

Preparation

THE MERINGUE LAYERS
1. Beat the egg whites to soft peaks. Gradually add sugar and beat well.
2. Cover a baking sheet with waxed paper. Use a spoon to shape the meringue into three 12-inch circles on the sheet and then place it in a very low oven (175° - 200°F) for 1 ½ hours or until the disks are dry and crisp. Work in batches if necessary.

THE EGGFRUIT PUREE
1. In a saucepan, prepare a syrup with the sugar, water, and lemon juice.
2. Boil 5 minutes, add the eggfruit, and remove from heat.
3. Allow to cool, and then puree in a blender and strain.

THE WHIPPED CREAM
1. Beat the cream with the sugar until it is thick. Add the vanilla.

ASSEMBLY
1. Place one meringue layer on a cake plate and spread with a layer of puree. Repeat the process, finishing with the last meringue.
2. Cover with whipped cream.

SECRET
IF THE OVEN HAS BEEN ON DURING THE DAY, PLACE THE MERINGUE SHEETS IN IT AFTER IT HAS BEEN TURNED OFF. LEAVE THEM OVERNIGHT AND THEY'LL BE PERFECT IN THE MORNING.

RECIPE INDEX

DEGREE OF DIFFICULTY

The recipes presented in this book have been selected for easy preparation by any home cook, although some require more time and skill than others. We have therefore prepared the following scale to show the degree of difficulty of preparation of each dish, according to the number of chefs hats.

♟ fast and easy.

♟ ♟ moderately easy.

♟ ♟ ♟ requires more time and attention during preparation.

SECRETOS DE LA COCINA
is a collection of ORIGO books
Peruvian Cuisine
Recipes
Emilio Peschiera

* * *
Editorial Director
Hernán Maino

Executive Editor
María Alejandra Dulcić

Translation
Margaret Snook

Photography
Rafael Fernández

Graphic Production
Alejandro Torres

* * *

ORIGO EDICIONES
Padre Alonso de Ovalle 748
Santiago de Chile
Tel (56-2) 638 8399 • Fax (56-2) 638 3565
www.origo.cl

ORIGO ARGENTINA
Lavalle 1634 - 3° G
C1048AAN, Buenos Aires, Argentina
Tel (54-11) 4374 1456 • Fax (54-11) 4373 0669

ORIGO MÉXICO
Cerrada 1° de Mayo 21
Naucalpan Centro
53000, Naucalpan, México
Tel (52-55) 5360 1010 • Fax (52-55) 5360 1100